本书系中共山东省委党校（山东行政学院）重大项目攻关创新科研支撑项目年度项目“基于元分析的政策变迁中层理论框架建构及其应用”（2022CX180）的结项成果。本书系作者攻读中央党校（国家行政学院）博士学位期间的研究成果。

基于元分析的政策变迁中层理论建构

窦玉鹏◎著

吉林大学出版社
·长春·

图书在版编目(CIP)数据

基于元分析的政策变迁中层理论建构 / 窦玉鹏著.—
长春 : 吉林大学出版社, 2023.1
ISBN 978-7-5768-0896-4

Ⅰ. ①基… Ⅱ. ①窦… Ⅲ. ①多元分析—应用—政策—变迁—研究—中国 Ⅳ. ① D601

中国版本图书馆 CIP 数据核字 (2022) 第 197860 号

书　　名：基于元分析的政策变迁中层理论建构
JIYU YUANFENXI DE ZHENGCE BIANQIAN ZHONGCENG LILUN JIANGOU

作　　者：窦玉鹏　著
策划编辑：邵宇彤
责任编辑：张　驰
责任校对：周春梅
装帧设计：优盛文化
出版发行：吉林大学出版社
社　　址：长春市人民大街4059号
邮政编码：130021
发行电话：0431-89580028/29/21
网　　址：http://www.jlup.com.cn
电子邮箱：jldxcbs@sina.com
印　　刷：三河市华晨印务有限公司
成品尺寸：170mm×240mm　　16开
印　　张：9.75
字　　数：131千字
版　　次：2023年1月第1版
印　　次：2023年1月第1次
书　　号：ISBN 978-7-5768-0896-4
定　　价：58.00元

序

基于相关政策变迁理论框架分析中国治理场域中的政策变迁案例，是近年来政策变迁研究的主要议题之一。从多源流理论到政策网络理论框架，应该如何检验及修正政策分析框架从而使其具有中国治理场域中的适用性是研究的中心问题，同时，以相关政策变迁理论框架为视角分析具体政策变迁的案例可谓不胜枚举，这些都为以具体理论分析为基础建立分析样本从而抽取理论元素建构理论框架奠定了良好的基础。正是基于这样的认识，笔者产生了应用元分析方法建构政策变迁中层理论框架的研究兴趣，本书正是在这一研究兴趣的驱动下产生的初步成果。

如何基于政策变迁案例提炼具有在特定场域下的政策变迁中层理论框架正是本书研究的中心问题。在解决这一问题时，着重从以下三个方面进行分析：①基于元分析方法对特定理论框架下的政策变迁案例提炼新的政策变迁中层理论框架应该如何操作；②主流政策变迁理论框架中的哪些理论元素具有被抽取的可能及其理论逻辑是怎样的；③建构后的政策变迁中层理论框架是怎样的。全书的论述正是围绕这三个问题展开的。

利用元分析方法可以对主流政策变迁框架的理论要素特征在分类基础上抽象出更进一步的理论框架，作为研究方法的元分析具有以下六个关键特征。

（1）元分析方法是“基于分析的分析”，即基于同一研究对象在不同分析资料的基础上对其特征进行的类型学分类，然后在类型学分类基础上抽象出理论特征，其在方法论上融合了“比较论”和“集合论”。简而言之，元分析方法将研究客体在不同视角下的分析看作包含研究对象理论特征的复杂组合，在构建集合的过程中抽取其理论关键要素并予以概念化。

（2）将基于不同主流政策变迁理论框架的案例分析作为元分析方法应用的基础分析资料，从而为不同视角下的跨案例分析以发现理论特征的相似性和差异性提供了分析框架与分析流程。

（3）不同理论视角下的核心理论元素与同一视角下不同种案例所内含的关键驱动要素的类型学分类，是元分析方法能够将理论特征类型化的核心机制。

（4）元分析方法作为“基于分析的分析”，具有“目标导向”，其目标聚焦于类型化不同视角对单一案例或多案例分析的核心因果集合，并在分析与分类基础上建构新的理论框架。它更加聚焦于研究客体潜藏的核心理论机制，并且不同理论分析本身就具有“头脑风暴法”的功效，能够为理论建构提供丰富的理论线索。

（5）元分析方法在用于分析不同视角下的多种案例时，其研究步骤先是将案例按照视角的不同进行分类以使复杂性降维，然后在分类的基础上寻找理论框架包含与遗漏的关键理论特征。

（6）元分析方法对所建构案例库采用“滚雪球”的迭代式处理方式，即将理论视角作为分析的逻辑起点，按照“引入案例分析—产出案例知识”的分析程序不断进行核心关键理论特征范围的缩小。

生产新的理论框架是重要的，这是因为掌握具有适用性的理论框架是对具体问题认知知识增长的关键。为了能够生产适用于具体场域的相关案例的知识，就需要提炼适用于具体场域情景条件的理论框架，并通过具有统计学意义的相关案例的检验以验证其稳健性。从理论生产机制来讲，要使基于元分析的政策变迁中层理论框架具有意义，就必须使所建构的中层理论框架具有解释的有效性与结论的稳健性。

基于元分析的多种政策变迁理论视角下的案例分析建构中层理论，其本质在于寻找中国治理场域中吻合实践发展轨迹、合乎理论逻辑的中层理论框架解释，以揭示引发政策变迁的驱动因素。作为一种研究思路，本书构建“中层理论”的意义在于架通抽象理论研究与具体政策经验分析之间的桥梁。理解政策变迁需要寻找能将复杂政策过程进行“简化情形”的分析视角，将复杂的政策变迁简化为理论元素与理论逻辑的变化，以加深对政策形势的深入理解。在对多源流理论框架、间断—平衡框架、制度变迁理论、倡议联盟框架、政策网络理论框架等众多案例分析基础上，进行了理念排序、目标转换、工具选择的理论要素概括，并对要素间关系进行逻辑提炼。本书纵观整个理论分析过程，呈现理论要素关系整合、要素关系建构、理论框架解释的完整逻辑闭环。

对建构后的中层理论框架的展现是本书的核心部分。本书通过对中国知网政策变迁案例的分析、视角分类、理论抽取，从而建构中国治理场域中的政策变迁的中层理论框架。政策分析具有把决策主体拟人化的传统，即把决策主体视为一个统一整体。从人的行为分析需求、动机、行为分析框架得到启示，笔者认为，衡量和描述中国治理场域中的政策机制可以从政策策略、目标确定、手段选择三个方面进行考量。经过理论抽象，笔者认为，在中国治理场域中，决策主体的理念排序、目标转换、政策工具选择是理解长时期政策变迁的关键变量维度。具体体现为，决策主体因具体理念排序发生变化而发生政策目标转换，随后在现有制度框架下应用方法论与对政策工具进行执行推动了政策变迁。在政策变迁过程中，社会经济变迁、不同利益群体的诉求等无疑会对政策变迁产生影响，但是这些因素都是通过理念排序、目标转换、政策工具选择的变化才产生的影响。

总之，面对同一政策变迁案例，不同理论框架有不同的切入点。而这些理论框架往往都是基于不同的理论假设与理论应用场景，因此在运用这些理论框架时的预设就使所分析案例与所使用理论框架的理论假设等具有一定的吻合性。而现实中的有些理论研究，在思考与写作中没有将理论框架的理论假设与所分析案例是否吻合考量在内，而是以一种“手中有锤子，看什么都是钉子”的方式，遵从着“拿来理论框架—理论框架观照—实践应该怎么做”的思路。实际就是当我们对案例、经验、典型所具有的因果规律尚缺乏完整认识的时候，就已经把它的事实在一定的理论框架下进行了裁剪，并以理论框架的宏大理论、叙事框架为范本，对实践中的不符之处进行策略设计上的校正。这种在实践分析还没有完全展开，理论范本就成为标准答案的做法实际上会束缚我们的实践创新。本书正是基于这一理念综合不同理论视角的多种政策变迁案例进行抽象性概括从而建构新的中层理论框架，这足以证明其并非基于规范性的条条框框的理论建构。因此本书的核心实际上是对不同视角的把握、对关键理论特征的把握、对关键理论逻辑的把握，并且在这些把握的基础上，应用不同的案例、理论验证来抽象出新的理论框架的范畴、概念、体系等架构。

基于元分析的政策变迁中层理论框架建构既有经验案例的总结，又有理论的思考，这些思考对如何提炼构建中国治理场域中政策变迁理论框架非常重要。作为政策变迁理论框架，其基本的理论特点就在于将具体政策的变迁从更长的时段、更宽阔的视野中进行把握。我们会发现，如果从长周期角度去观察政策变迁案例，其中蕴含的政策变迁规律更多是与理论所应用场域的变迁规律相关。这一点在主流政策变迁框架的形成、发展过程中显现得更为明显。比如，多源流理论框架、政策网络框架等都强调政治博弈等在政策变迁中的驱动作用，这与理论产生土壤所具有的多元主义传统具有密不可分的关系。因此，我们在思考基于元分析的政策变迁中层理论框架的建构过程中，需要以更开阔的视野从理论产生土壤、理论发展过程、理论适用性等维度抽取理论元素，并结合一定规模的经验案例发现并验证理论逻辑，从而使所建构的中层理论具有实践性的理论特征。

寒来暑往，从笔者博士论文开题算起，本书从计划到完稿将近三年。在博士论文写作之初，笔者就确定了以元分析视角对主流政策变迁理论框架的理论元素与理论逻辑进行重新建构，然后以具体政策文本进行验证的逻辑闭环作为论文的研究思路。然而“知易行难”，难就难在涉及政策变迁的案例卷帙浩繁，如果不经过大量阅读与不断地思考，很难对政策变迁中层理论框架的认识产生理论边界的拓展。同时，对文献的反复阅读与对框架的不断修改使笔者渐渐明白，研究过程中只有不断地与已有理论对话，与现实实践对话才能丰富研究视角的多样性，从而在某一问题的理论可能性边界上有所拓展。

窦玉鹏

2022 年初夏于济南

目　录

第一章　基于元分析建构理论的目标：从知识到知识

元分析的目标是以知识为基础生产知识，因此需要遵循认知活动所共有的逻辑和原则：按照一定的框架与路径整合一般性知识从而建立比较与关联，在将已有的知识进行对照的基础上系统展现因果机制和过程，从而在相关知识体系中产生知识累进效果。事实上，在社会研究领域，每年都会有大量聚焦特定社会科学主题的研究产生，这些研究在具体的因果机制的探索上作出了知识的增量贡献。但遗憾的是，这些知识缺乏相互的系统关联，使得这些知识总是处于重复、碎片、孤立的状态。这种现象提示我们有必要整合不同研究方法与研究视角下具有相同或相似因果机制的研究，而元分析就恰恰提供了整合不同方法与视角差异的从知识到知识的路径，使得相同研究对象的不同视角与方法成为互补关系。

一、作为研究方法的元分析：内涵、源流、特征

（一）元分析的内涵：基于研究的研究

元分析以“更加全面或综合的视角”对特定研究对象的已有研究（重点在于研究过程中的因果机制分析）进行综合，通过定性或定量分析或两者结合剖析所研究对象的共性与差异特征，整合形成具有综合性“有述有评”的评价性知识产出。简单来说，元分析就是以系统视角对以往研究成果嵌入综合性研究设计、定向的类型学分析、定量的统计学分析，整合碎片化知识以生产新知识的过程。元分析一般基于场域比较与已有理论提出问题：何种因素通过何种链条建构了场域中的因果反应？答案很简单：在不同的场域存在相同的因素集合使得因果机制发挥作用。但这一问题如果嵌入元分析“基于分析的分析”程序将具有理论价值，将使分析升华为具有普遍意义的理论议题：挖掘多场域下情景知识的存在以生产不限于单个情景的知识。在这种理论议题研究目标的驱动下，元分析对已有知识的利用就是一个发现特定机制产生影响的条件范围，使其能够为因果机制知识的生产提供支撑的过程。

因为元分析方法的使用是基于前人的研究成果进行的知识链接与抽

象，因此有必要对元分析与文献综述的共性与差异进行说明。论文中的文献综述偏重于综合与评价所研究对象的前人研究结论，从而一方面明晰所研究对象的研究进展及可能取得突破的研究方向，另一方面在前人研究的基础上为未来的研究奠定知识基础。但文献综述也有一些缺陷：①文献综述偏向于对研究结论进行分类的定性描述，缺乏对研究过程中因果机制的深度定量解析；②面对数量众多的研究成果缺乏统计学方法的应用，使得从大量文献中进行知识挖掘的能力受到限制；③文献综述作为所研究对象的知识基础，聚焦研究结论的抵牾之处，并试图从中找寻新的理论增长点。

而元分析作为“基于分析的分析”的研究方法，将定量与定性方法嵌入对文献的综合与抽象中，以较高一级的研究逻辑对文献研究过程与因果机制进行类实验程序的结构化处理，并对研究文献的处理程序与标准、研究的测量指标等进行严格评价与定量合并。具体来讲，元分析具有以下作用：①通过定向的类型化分组与定量化的统计分析多组类型化研究的分歧，受限于研究视角的不同与研究基础知识的差异，聚焦相同研究对象的多个研究成果可能存在阐释的差异，而元分析方法可以利用同类研究问题的异质性生产理论知识，并通过质量控制对知识产出的稳健性提供保证；②为揭示新的研究问题取向和开拓性的研究领域提供实现路径，元分析通过多来源知识的比对能发现新的理论线索以回应异质性从何产生的研究需求，揭示未来知识生产的新方向，并据此提出新的研究问题取向和可能的研究领域；③具备建构生产知识的数据库的能力，从而能够搜集与调用数据以提升所生产知识的稳健性与准确性。

（二）元分析的源流

元分析名称的正式形成可溯源至 1976 年以效应值概念和计算方法结合在心理学研究中的首次应用，随后在多种社会科学研究成果中都可见其应用。而元分析研究路径的形成可追溯到英国统计学家皮尔森检验疫苗有效性的实验设计，其将相关独立的研究样本的结论进行整合分析，实际上形成了元分析的分析路径。目前国内主要将元分析方法用在循证医学等医学领域，在国内社会科学领域的应用比较少见。之所以循证医学在国内应用比较多，是因为循证医学等研究领域是基于病例建构案例库，以随机对照试验获得实验性结论，具有进行元分析的通用变量框架基础。国内政策变迁相关研究多基于国外主流政策变迁理论框架进行案例分析与理论修正，这种基于通用变量理论框架的研究成果适于采用元分析方法。

（三）元分析的本质特征

元分析是以既有的知识为基础，遵循系统的分析方法从而实现知识的增长。元分析作为知识生产方法，偏重于分析所研究对象的因果性（前后排序的因素影响）、情景性（因果性所在场域具有丰富、复杂、细节的特性）、典型性（特定分析对象能引起“似曾相识”的联想效果）。即元分析主张通过挖掘“丰富、复杂、细节”的背景，找寻显现“前因后果”的典型“关联模式”。可见，元分析的分析过程是将分析工具与分析逻辑进行具有方向性、目标性的整合，并进行从知识到知识的生产。在基本原则上，整个分析过程没有偏离这一主旨：以特定情景下的知识为证据，以从知识到知识的生产为目标，以因果性、典型性、情景性逻辑内核推断特定情景下的知识的典型因果性关联。

1. 因果性

元分析所生产知识的第一个本质特征就是因果性，即元分析不是简单的含有情景知识的复述，而是发现隐藏在所分析对象背后的场域前后相继的充分必要关系。元分析不是被动的反射所分析的知识集合，而是以重要逻辑对纳入分析的知识进行归纳、演绎与推理，从而在“复杂、细节、丰富”的情景知识中，忽略无关知识，发现重要的因果关联。

2. 情景性

纳入元分析的初始知识一般具有异质性的情景背景，找出这些异质性的情景背景下所具有的相似的逻辑形态或范式，是元分析的目的。而将具体情景事实作为样本知识，实际上和统计分析的数据的证据功能一样，通过对所研究对象情景的分类、对比从而理解并找到因果联系的线索，是元分析不能绕过的基本步骤。基本步骤在元分析进程中设置的目的不单纯是建立知识集合，更是力求通过知识集合在知识关联过程中的重构，挖掘对知识集合中关系类别、特征表象与行为范式的基本认知。

3. 典型性

以寻求从知识到知识的生产为目标的元分析，不是生产不同场域下重复的细节知识，而是面对经验与已有理论提出问题，并在研究中整合两类问题形成研究聚焦以呈现场域中具有典型关键作用的要素关联。这种典型性是指其对所研究对象因果机制的解答具备衍射到其他类似场域的解释力，即获得因果机制的解答知识者面对类似场域发生“似曾相识”的知识嵌入，从而启发元分析使用者分析所见事实的机制。这里的“似曾相识”指在类似场域中出现关键特征、要素逻辑或者因果机制的相似，而不是具体因果机制所嵌入的情景，如具体演进过程、具体行为主体、具体驱动因素的完全雷同。因此，元分析的“典型性”首先表现为典型性因果机制知识的生产具有预测类似场域未来走向的功能；其次表现为关注因果机制典型性与何种情景具有关联性，以找寻因果机制典型性适用的范围，使其能够涵盖一类而非单个特定情景的因果机制知识。

二、元分析中知识的形态分析

元分析关注的焦点在于过滤具体行为主体与具体事件细节等情景性知识，从而认知情景事实中具有因果关联的机制。这种机制具体表现为在认知系统中具有符合学术共同体共识性判断标准的较高抽象性与广泛解释性的原理，即在研究中所提炼问题具有发展为一般因果机制的可能性，从而分析逻辑具有产生因果机制的可行性。从这个角度讲，元分析存在生产知识的通用程序，存在一种引起元分析注意力的可研究现象，然后用比照或比较的方法从已有知识库中找出可产生分类或可供选择的因果机制条件构件，再按照成熟的逻辑分析程序对分类与可能的因果条件构建进行处理，从而生产具有“普适性”的新知识。而元分析中的已有知识与生产的新知识按照知识形态划分可以分为解释性知识、理解性知识、价值性知识。

1. 解释性知识

解释性知识指涵盖因果链条中的因果要素、因果逻辑、因果条件等要素的知识，即因果机制在何种条件下会有何种起因驱动产生何种结果的知识。解释性知识的作用在于积累因果机制的因果链条、生发条件、形态变化等知识。比如，关于制度变迁的研究，元分析需要在情景知识下将驱动变迁的真正因素从千差万别的表象下剥离出来，从而认识制度变迁发生的驱动力来源。

2. 理解性知识

理解性知识指聚焦现象背后的行为人的行为特征与现象所表征的社会意义的关系。解释性知识与理解性知识的不同之处在于，解释性知识侧重于寻找具有明显普适性因果关系的驱动链条解释，而理解性知识侧重于特定情景背景下必须借助特殊的文化常识才能显现的因果关系。比如，为说明某种社会关系与某种行为的关系，就需要引入解释性知识理解所研究社会关系在具体社会网络中的结构性特点，以及“关系—结构—功能”传导链条下关系与行为间的特定意义。

3. 价值性知识

价值性知识指能够提供“理念排序”标准的知识，其提供了在因果关系中判定关联要素显著程度的标准。框架性知识之所以成为元分析重要的知识产出，是因为其对研究问题的选择、案例的选择、变量的选择以及“重要程度”的排序都在元分析的研究过程及研究理念中有所呈现。除了理解性知识和解释性知识，元分析所生产的价值性知识的意义提供了其他知识生产的反思性框架：通过判定标准考量、评估已有的案例集或知识集，在所分析对象中建立顺序的关联，从而逐渐积累其建立分析框架的可能。

因此，元分析具有广阔的空间，不仅可以在因果要素、因果逻辑、因果条件层面提供解释性知识，还可以通过中层框架的建构生产具有社会意义的理解性知识。

三、元分析的目标界定：因果机制知识的生产

（一）目标界定对元分析的意义

如何界定元分析进行知识生产的目标至关重要。这种目标界定是元分析在处理具体的知识域从而形成有效知识产出方面的方向指引和边界构架，它使元分析的分析朝向既定的知识产出而非其他产出。更重要的是元分析的目标界定为所研究对象的知识材料提供了如何进行组织的路径，从而能够将复杂的材料、散乱的事实沿着特定的目标进行组织，并被赋予逻辑证明的意义从而成为知识产出的证据。元分析在明确目标界定指引下分析不同的情景中知识域共性与个性的表现形式，完成变量与案例的取舍，从而再现知识域因果机制的共变关系与异质性的产生与变化的特有因素。

对元分析甚为关键的目标界定为，通过详尽的情景知识了解，寻找与已有理论相关的关联，从而生产具有一定普适性的因果机制知识及其连环作用机制。因此元分析以特有的目标界定将研究引向纵深发展，从而发现多样化情景下特定变量对因果关系的作用机理。当然，在元分析使用过程中也会有疑问产生，即使用目标界定引导元分析研究走向既定探索方向是否会干扰对情景知识丰富性的过滤。在多数情况下，因果机制实际上多数是并发因果关系，但由于研究精力有限，多数研究通常只聚焦一个中心问题，并对关键性影响要素进行注意力资源配置倾斜。因此，采用目标界定时就需要在既可以深度挖掘复杂因果机制链又可以避免“丰富性”干扰的取舍中取得平衡。实际上，从知识产出的角度分析，

化繁为简的因果机制探索通过增加分析维度或框架来丰富现存理论比对理论产出与原有知识的关系缺乏说明的化简为繁更有价值。

（二）元分析生产知识的核心：因果机制探索

从研究方法维度分析，元分析在社会科学相关关系研究上研究层次较高，其力图探索并展示因果机制，即元分析将关注点置于要素与被解释要素相关确认基础上的因果关联机制如何发挥作用。元分析将生产知识的核心置于因果机制探索上，实际上就是在已有理论框架与情景知识的基础上从一般相关关系中抽象出具有显著特征的因果关系，通过探索因果机制的作用机理来提升知识产出的价值。比如，对政策变迁的驱动因素与政策变迁之间的关系，想要了解的不仅是驱动因素是否会驱动政策变迁发生，而且还力图展现驱动机制发挥作用的方式与内在逻辑。

1.元分析对因果机制的探寻定位

基于多样化情景知识的因果机制不单纯是线性关联，而更多呈现为多重并发因果关系。这样的定位表明，在因果机制的探寻中，具体的呈现现象的多样性实际上是由于在多情景中，多元主体的利益追求、理念排序、策略选择等不同导致的组合的多样化，这种多样的组合进入因果逻辑链条输入端，进而在输出端产生多样化的现象呈现。因此元分析的重点在于提炼具有适用性的要素联动关系的因果机制链条。比如，在政策变迁过程中，政策的“间断—平衡”样态的转换实际上是问题流、政治流、政策流三流汇合开启“政策之窗”的中层机制实现过程，在不同的发展阶段则具体呈现为问题形成、媒体发酵、指标呈现、议程设置、政策方案激活、政策企业家活动和决策者注意力资源配置的机制表现。这些机制表现彼此链接，是元分析进行因果链条探索的微观存在。因此，元分析对多重并发因果机制分析的定位有助于在“全局整体”观念的指导下，从多重特定微观机制知识揭示这种联动的链接生发性，从而使“机制”的整体发现成为一种知识产出。

2. 元分析对因果机制探索的具体操作

从情景知识下前后相关的逻辑链条的“变异”入手，将获得的“变异”置于已有的理论框架中，比如在相似情景下不同的驱动因素、变化过程中特殊因素的变迁，在不同情景下的行为主体的选择等进行差异化比较，即将相似情景下的变异或不同情景下的相同连接起来并探索，以系统参照系及可比性框架分析“多因同果”或“多果同因”的逻辑链条，提高因果机制探索的普适性解释力度，从而实现一般性知识的产出。上述具体操作可简化为，根据已有理论建构扩展性的参照系，通过多情景知识的变异比较，探索具有适度普适性的因果机制。

3. 元分析对因果机制探索的逻辑起点

将演化分析与结构分析作为探索因果机制的逻辑起点，通过具体、深入的多维度分析提升因果机制探索的准确度。其中演化分析强调因果机制形成的时序性及在时序中注重要素变化与特定时点现象呈现的历史关联，即时间是影响因果机制具体情景发生作用的重要变量，因果机制随着时点的变化其表现形式也会发生变化或反复。因果机制探索要求因果机制嵌入情景的分析，用来为关键因果机制的挖掘提供理解性背景知识。这是因为知识产生情景的叙述有助于关键性局限条件的发掘，毕竟已有知识是对情景与经验的抽象，而对知识产生情景的掌握能够揭示关键知识变量在形成进程中的持续和演进。结构分析是一种静态分析，强调在一定时点的制度结构、组织结构等诸多要素结构对因果机制发生作用的具体形式会产生影响。因此需要通过搜集更广范围的知识，了解多知识产生的情景，层层深入推进不同因果机制的分析，为新知识的生产建立新的证据关联。

四、基于元分析建构理论特别需要加以探讨的几个问题

知识生产必然以理论元素和理论逻辑作为生产的基础，以“经验研究”著称的元分析更是遵循这样的知识生产程序。在知识生产中，理论知识是已知知识陈述的集合与未知知识生产的支持材料，逻辑进程则是

新知识生产进行整合的方法路径。理论知识对元分析目标界定的影响，在于影响元分析进行过程中“问题的价值性界定”从而干预研究问题取向的界定。知识生产中逻辑进程的作用是提供知识的系统性、关联性及合理性生产的衍生模式，这也是元分析在分析进程中关注逻辑进程的原因。由此可见，元分析进行知识生产的内在逻辑是，通过理论知识和逻辑进程实现多知识的相互支撑与修正，从而形成有益积累，使知识生产具有稳健的建设性意义。

本书是基于元分析进行的知识生产，同时也是“基于研究的研究”。其目的是通过分析中国治理场域中政策变迁案例构建政策变迁的中层理论框架。它着重于在各种主流政策变迁框架观照具体政策变迁所形成的因果机制知识的基础上，产生具有适度普适性的知识。因此，以下几点是本书特别需要加以探讨的问题。

（1）有哪些因素能够成为所建构的中层理论框架的理论元素？为了回答这个问题，我们对主流政策变迁理论框架的影响因素必须加以检验与修正；对主流政策变迁框架的适用性，必须加以讨论；并且对理论元素与理论框架的影响关系，亦须加以讨论。

（2）在所建构的政策变迁理论框架中，多种关键理论元素之间是否存在理论逻辑？从理论逻辑的维度分析，一方面，政策变迁受关键核心要素的逻辑驱动，那么显而易见，在政策变迁的演进过程中，这种逻辑指代的就是因果机制；另一方面，理论逻辑还涉及政策变迁内部诸关键驱动因素的关系。

（3）明晰错综复杂的知识生产情形后，所建构的中层理论框架适用场域的界定便成为建构政策变迁中层理论框架过程中的重要议题。

第二章　基于元分析的研究方法设计

一、元分析的认识论基础与基础性假设

认识论是对分析对象的结构、本质、来源等进行认知的框架结构，其调节和影响认知主体的知识建构与获得。元分析的认识论作为认识论的具体呈现，是一种典型的以知识获得为目标的发展图式。其具体表现为，以已存在的知识为获得知识产出的关键基础，对多情景性的知识建构实施程序化处理模式，从而实现新的具有适当普适性的知识产出。

（一）元分析方法的认识论基础

1.元分析方法将“一致性”和“差异性”发现作为研究逻辑起点

元分析方法在理论研究中以“一致性”和“差异性”的探寻作为研究的逻辑起点。“一致性”指在整合的知识样本中有共同情况出现于“因”或“果”中，那么这种共同情况必然是因果关系链条中的重要因素；“差异性”则是指在多种相同情况下，由于特种情况的出现或缺失致使因果链条出现差异，那么这种不同情况必然是因果关系链条中的重要因素。在研究的具体路径上，“一致性”与“差异性”都建立于对整合的知识样本的比对上，以有步骤地进行可能性和整体情景的比较来探索识别整合的知识样本中的因果关系。需要说明的是，元分析方法将“一致性”和“差异性”发现作为研究逻辑起点，旨在发现而非证明因果关系。这是因为证明因果关系需要严密的逻辑验证体系，单纯依靠比较并不足以支撑验证体系的严密性。元分析方法将研究逻辑起点定位于“发现”，为我们模拟“真实”世界并接近因果关系链条提供了可行的方法，因此其在发现与积累知识，接近并发现现象“黑箱”的“发生条件”上无疑具有重要的理论与实践价值。

2.元分析致力“小样本”分析

元分析从研究路径与研究目的上都致力于“小样本”的分析。对社会科学中的研究对象按照样本绝对数量或相对数量维度观照，“小样本”的形成主要有以下三种情况。

第一，“小样本”具有“天然”稀少特性。即所研究对象在样本量上受到多种因素的局限，在数据的有效性和可比性的样本获取上面临“巧妇难为无米之炊”的窘境。比如，有些社会科学研究聚焦于政治、社会、政策、制度、道德等宏大叙事下的主题，使绝对样本数量“天然”稀少。

第二，“小样本”是由于缺乏数据处理所必须具备的统计学意义而形成的。众所周知，所有实验科学进行因果论证的关键方法都是在具备统计学意义的数据准备条件基础上，通过控制或改变变量的可能性及条件来进行因果发生的判断。但是，在社会科学领域除心理学等少数学科具备建立准实验方法统计学意义的样本数量外，其他社会科学领域研究主题则缺乏建立控制变量法实验的样本数量条件。

第三，“小样本”的形成是由于所研究对象具有典型的“多重并发因果关系”，从而使研究陷入“小样本，多变量”困境。用更通俗的语言描述这种困境，即研究方法的选择取决于由变量数量 X 和整合的知识样本数量 N 构成的两维矩阵的框定。例如，变量数量 X 超过整合的知识样本数量 N，则偏向于采用描述性或分析性取向方法，如元分析方法等；而整合的知识样本数量 N 超过变量数量 X，则往往采用变量取向的解释方法，如多元回归方法等。

面对社会科学研究的复杂多变的“小样本”研究现实，元分析方法因其具有深入分析整合的知识样本内部复杂性的策略与技巧，赋予整合的知识样本进行系统化比较的可能性而成为现实的研究选择。简言之，元分析方法在研究设计上涵盖了以下功能的实现：元分析方法使整合的知识样本中的结果变量要素向特定组合的组态化转化，以使整合的知识样本中的系统化比较分析成为可能；元分析方法具有设置被观测条件组合的程序设定，从而在掌握少数条件情况下，使对复杂知识样本进行模型构建成为可能。

3. 元分析方法在研究路径上向模式化、透明性演进

在研究路径上，元分析方法旨在整合知识样本的“定性”与“定量”

优势，借助理论与情景分析、类型化分组和关键驱动因素编码，从而在对整合的知识样本比较应用的模式化与透明性上形成实质性演进。

从研究路径的模式化程度上看，元分析技术在理论与情景分析、类型化分组与对知识样本的编码上实现了模式化的安排。模式化是指元分析方法是一套具有明确规则和定义的规则体系，并在分析过程中能够将规则转换为固定的分析逻辑，即元分析方法面对同样数据库的分析应该得到相同的结果，从而增强了分析过程中的客观解释性。具体表现在：第一，在理论与情景的分析上，元分析建构了整合的知识样本与理论的对话机制，即基于已有理论来识别与选择整合的知识样本中的变量，并以演绎归纳方式获取整合的知识样本中的关键驱动因素，元分析方法从整合的知识样本的预分析中抽象情景知识从而加深对知识样本比较研究的理解，从而为元分析方法类型化多重并发因果关系、选择核心因果机制提供情景依据；第二，在类型化分组上，元分析方法应用变量式语言，能够非常容易地初筛整合的知识样本核心特征并转化为理论模型语言，从而将整合的知识样本集中的每一个个体处理为具有特定系列属性的复杂组合，最终使元分析方法发展出具有特定“组态”的分析性策略。每个整合的知识样本被定义为一系列特征的组合，使用了“定性”的标签来界定那些需要突出强调、重点考虑的特定属性组合。

元分析方法的另一个优点是透明性。元分析在分析全过程包括知识样本选择、类型化分组和理论建构等时，都以“透明”的方式呈现。元分析方法开创了透明化分析的路径：元分析方法要求对整合的知识样本既要做出有规律的选择，又要对其规律做出解释。使用元分析方法的研究者，实际上部分是以自身为研究方法参与其中，因此对知识样本的选择与阐释更具研究者自身的主动性，能够更好地回归整合的知识样本的原始状态，从而向学术共同体展现自己在研究中的操作过程、在具体分析节点中的路径决定等。

4. 适度的普适性是元分析方法应用结论的目标

适度的普适性是元分析方法应用的重要目标。元分析方法的目的并非局限于对现象的描述性研究，而是试图通过研究寻求识别“因果机制”。而在寻求“因果机制”解释的过程中，如果缺乏普适性，那么元分析方法就会成为一种描述性工具。评价适度普适性的标志就是考察其结论能够解释其他类似知识样本的能力，即知识产出可以为非整合知识样本内的其他样本理解现象、明确其内在机制以及阐释复杂性提供很有价值的洞见。从这方面讲，理论建构应该从多维知识样本进行抽象化“解释”以实现普适性的全面覆盖。因此恰当的元分析方法分析应该从维度增加与抽象增加来追求“适度的普适性”：元分析方法旨在产生供后续使用的调整命题以用于分析与所整合知识样本有合理数量、相似特征的其他知识样本；研究结论的有效性和稳健性在很大程度上依赖于元分析方法对实验设计、问题界定和持续监督等操作程序的设计。

（二）元分析方法的基础性假设

综合元分析方法的基础性假设，主要包括以下六个关键点。

（1）元分析方法作为一种研究方法与分析工具，可以用“基于分析的分析”来概括，即其分析过程是基于研究对象的类型化分组抽取理论关键要素，并在一定理论逻辑基础上形成理论框架。元分析方法整合不同视角下知识样本的理论特征与理论逻辑形成属性的复杂组合，并以独立的概念化集合关系予以呈现。

（2）元分析方法分析的基础材料是相似性与差异性共存的理论、整合的知识样本、数据等。作为跨理论比较、跨知识样本比较与跨数据库比较的研究方法，其充分挖掘整合的知识样本等的具体细节信息，并在比较中逐步找到关键的理论要素。

（3）元分析方法中类型化分组程序的设置能够在分析过程中不断探索知识样本的整合边界界定、理论的类型归属与集合关键要素三者的匹配程度，加深了分析者对所整合知识样本与所建构的理论框架的理解。

（4）元分析方法是“目标导向驱动”的，它使得元分析方法聚焦于分析的逻辑起点，通过对某一整合的知识样本群或理论视角群对照的观察，不断缩小理解的范畴从而浓缩出理论框架。例如，本书应用元分析方法的目标就是通过对不同理论视角下多种政策变迁的知识样本的比较，抽取理论关键要素与理论逻辑，从而建构中层理论框架。

（5）元分析方法所整合的知识样本或理论分析可映射为不同情景下特定的因果路径，通过识别多组因果路径从而抽象出理论模型。

（6）元分析方法的优势在于其通过将多样化知识样本进行分类从而使得研究复杂性降维，并且这种复杂性降维赋予元分析方法的知识产出以科学性、有效性、稳健性特征。

以上这六个关键点是元分析方法在理论研究中提供持续有效性的关键基础。这六个关键点也框定了元分析方法的适用场域：作为更深层次的挖掘知识样本的“因果机制”应用；作为数据分类、论证因果假设的“理论模型”应用。

二、元分析的基础机制

（一）比较与类型化分组是元分析方法的基础

基于定义，元分析方法应用的主要目的并非证明复杂现象下的因果机制，而是呈现所研究知识样本的因果机制中关键区域的理论洞见。所以，元分析方法实际上是将“整合导向”和“变量导向”整体嵌入“小样本”解析，从而将整合的知识样本分解成以条件和结果表示的解析性变量体系。在将整合的知识样本进行深度转化的过程中，需要多次采用比较与类型化分组的探索性方式来识别具有因果机制的驱动因素，并降低所整合的知识样本中知识的复杂程度。这是因为比较与类型化分组能够以整合的知识样本内视角与跨知识样本比较分析的视角阐明知识样本复杂情景中的关键驱动因素。

1.比较

比较作为元分析的基础机制，关注的是研究对象中的变异以及这种变异的前因后果的解释。密尔的《逻辑体系》将普适的比较方法归纳为包含异中求同法、同中求异法等的“密尔五法”。以此定义观照比较的实质，其是对所研究对象的“同一性”与“差异性”进行的排列组合。以研究的核心目标探寻因果机制的深浅程度来分，比较可分为描述性比较、分析性比较、解释性比较三个层次类型。其中描述性比较聚焦于描述所分析对象的异同点，并没有将产生异同的因果机制与异同后续影响研究纳入研究目标；分析性比较虽然对经验材料进行了分析与综合的“深加工”，但最终却缺乏因果关系模型构建的知识产出；解释性比较致力于生产所研究对象因果链条机制的知识，这种知识需要阐释其因果机制过程如何演进、其作用如何产生、其因素如何串联，即呈现经验证的因素—机制—变化的逻辑链条。

在元分析中，比较为提升不同视角下知识进行对话的研究规范性，形成了包括关注差别和变化、关注多样化情景、关注知识变量化的经典分析侧重。

（1）比较是基于差异性的，差异性及其产生原因的阐释是生产知识产品的基础。比较的目的就是更好地理解这种差别和变化，从而更好地“异中求同”或“同中求异”。

（2）比较对于相似性或差异性的关注不能脱离多样化情景，而是基于情景因素分解或剥离基础上进行知识变量化。这是因为比较重视在多样化情景中通过发现差异而持续深入地对特定主题进行研究与理论思考。

（3）知识变量化是对多情景下的相似性或差异性开展分析和建模，从而抽象出其间的变量及变量间的关系。

（4）比较基于多样化情景与知识变量化维度建立分析框架，运用变量化能够有效消解知识样本的知识碎片化膨胀。

2. 类型化分组

类型化分组是根据相异的多维特征条件建立分组标准，并根据分组标准将分析对象整合成呈现异质性功能及其效果的组态。从定义可以看出，类型化分组实际上是类型化与分类的组合，前者提供可以进行属性组合分类的依据，后者基于属性组合的分类依据进行分类操作。不同类型化分组是若干属性组合并进行选择的结果，尤其需要指明的是任何分组的呈现都并非单个条件的作用引致，而是多种条件形成的组合框架筛选的结果。而且所呈现的分组和组内单一因素之间的关系实际上是一种多重并发因果机制关系，这种多重并发因果机制关系的复杂性正是类型化分组力图通过分组呈现所挖掘的。基于比较与类型化分组所发展出来的元分析方法，为识别“多重并发因果关系”提供了新的路径：以典型相关分析、判别分析等方法归纳并识别类型化分组间模式的不同，从而揭示组间与组内潜在的多重并发机制。

类型化分组涵盖了多种研究方法和技巧，一言以蔽之，其核心在于将复杂零碎的知识转化成组态从而使系统化比较成为可能。类型化分组实际上是能够产生既定结果的条件的特定组合。这些条件的特定组合建构起分类标准，以确保能够对复杂的知识进行有效的组态构建。类型化分组可以通过以下路径实现：第一，通过已有的因果机制解释理论框架进行类型化分组。对所研究对象进行类型化分组可以借鉴已有研究形成的类型化范式等提炼出若干类型化分组依据，并通过类型化分组依据的概念化实现可操作化。第二，通过预设条件进行渐进式探索操作。在元分析方法过程中根据已有研究建立初始的探索性分组条件，并全过程监督与采集分组条件与分组结果间的有效程度，以有效应对分组效度的潜在威胁。

（二）“多重并发因果关系”识别是元分析方法的核心机制

元分析方法以探究研究客体内部诸元素的因果机制为主要目的，并通过方法论层面、技术层面和经验层面三个层次的探索形成知识积累。

基欧汉和维巴在《社会科学中的研究设计》中对“科学研究”的范畴进行了归纳，认为社会科学中的研究设计以因果机制获得为研究目的，研究程序具有公开可复制的特点，不存在研究结论的预先设定，研究内容的获得是方法基础上的推定。元分析在方法论层面具有“科学研究”的特征，即研究目标旨在丰富人类知识积累的“因果性”；元分析在技术层面具有“科学研究”的特征，其核心特征是经由对所研究对象进行定性描述，在不同中观和微观视角下比较同一研究客体在特定理论框架下的异同，并将已有理论与方法路径结合进行持续对话以探求驱动研究对象演化的关键要素；元分析在经验层面具有“科学研究”的特征，表现为元分析方法在综合已有研究、可重复实现、规范化操作等程序方面发展日臻成熟，已经成为探求因果关系、判定因果效应的方法工具箱中重要的一员。

元分析方法致力于识别跨知识的“多重并发因果关系”。“多重并发因果关系”从字面上理解，指异质性因果“路径”作用下结果输出的一致。“多重”强调作用路径数量，“并发”则强调作用发挥的方式是组合性的。元分析方法将“多重并发因果关系”回归多理论所阐释的特定情景，从理论源头否定了所探究因果关系的单一性。元分析方法对跨知识的“多重并发因果关系”的识别主要是通过理论对话、探究因果、机制解释等实现。

1.理论对话

理论对话是“多重并发因果关系”识别实现的重要步骤。客观现象是“多重并发因果关系”呈现的载体，而以特定客观现象为研究载体的既有理论必然在其研究成果中有反映因果性以及变量关系的存在。因此，元分析研究进行因果机制识别的重要步骤是基于已有理论框架，对挖掘出的因果关系变量进行理论条件预设，以此为基础比较并评估不同理论框架下因果机制呈现的不同路径，从而在差异中识别因果机制。

2.探究因果

在功能实现层面，对致力于识别“多重并发因果关系”的元分析而言，在已有因果关系的基础上识别多重并发因果机制是元分析方法的必然选择。这种必然选择实际上反映了元分析方法的“多重并发因果”识别，建立于对方法路径和已有理论创新的双重导向基础上。双重导向在元分析研究过程中具体表现为对预设因果命题的跨知识的抽象验证，即元分析方法通过设计并操作比较路径来识别因果关系的多重性等。由此可以看出，元分析方法的目标不在于检验因果机制，而是旨在通过理论整合、提炼总结等机制探究因果机制。

3.机制解释

因果机制识别不能仅停留于识别因果机制，元分析方法应用旨在提供因果机制如何运作的解释。元分析方法的机制解释功能将具体因素如何影响结果变量的链条具体化为理论阐释，为解释社会现象“怎样”发生提供了理论逻辑与阐释模板。元分析在因果机制解释上重点关注因果机制解释的路径、具有证明效度价值的条件要素、对知识所依赖情景的理解性解释、具有宏观意义上的理论框架借鉴等几方面。在因果机制重点方面注意力资源有差别配置的基础上，元分析方法对因果机制解释的追求依赖于三个连续的方法论主张：首先，从已有理论框架探索性建构链接因果的多条路径；其次，利用跨知识的线索检验所提出因果路径的普适性；最后，通过案例回归检验所提出的因果路径的具体作用机制。

（三）元分析研究方法的偏倚控制机制

元分析方法与其他研究方法相比具有多重优点，但也存在着不少局限，如元分析方法所生产的知识依赖于情景知识的抽象，可复制性较差，不适合外推。

1.偏倚产生原因及其控制

元分析研究方法在应用于分析所整合的知识样本过程中会产生偏倚，

偏倚会影响元分析知识生产的有效性。常见的偏倚可以划分为样本整合偏倚、条件选择偏倚和因果建构偏倚三类。其中，样本整合偏倚问题是指在对已有理论研究整合过程中产生的样本获得与实际情况的偏离。研究质量较高的元分析研究过程应在样本收集方面有质量保证，但由于搜集范围的限制或执行元分析者研究能力的差异导致在收集研究问题的资料方面的不足都会导致样本整合偏倚。条件选择偏倚是指在对知识样本进行类型化分组时分组条件选择的偏倚，其主要是由于在选择类型化分组条件时研究设计的不足或未经检验导致的。因果建构偏倚是在对整合样本的“多重并发因果关系”提取时产生的偏倚，主要包括从知识样本中识别的因果关系具有描述误差，以及后期因果关系理论建构时的建构或检验不恰当产生的偏倚等。要减少各种偏倚对元分析结果的影响，要有合理的研究设计和知识样本检索策略，保证知识样本的完备率和精准率；采用滚雪球方式抽取知识样本并进行质量评价；根据所研究主题进行研究方法的设计与修正；对发现的分组条件、因果关系进行异质性检验，以保证建构、检验、抽取因果关系的可比性和知识产出的可靠性；对每一步骤的知识产出进行敏感性分析，并及时关注敏感性分析后偏倚的解释与修正。

2.关于类型化分组的条件选择与因果抽取的质量评价问题

在元分析的类型化分组阶段，所发现的因果关系线索在整个元分析研究过程中的权重应该是有所差别的，如果不同权重的因果关系在多重并发因果关系中予以合并并给予相同的权重，就会导致因果机制的知识产出结果的偏倚。因为低权重的因果关系被赋予高的权重会增加结果变量与真实值的偏离程度。因此，在元分析方法应用过程中应及时进行知识生产的质量控制，并根据质量控制的结果调整权重。在纯粹的元分析研究方法中应用具有统计学意义的异质性检验来控制与减少众多研究结果结论的“质量评价问题”的发生，即运用统计学知识将研究对象、因果机制论证等不同的各项研究所得的结果，结合所产生的误差控制在一定范围内。

综上所述，元分析研究方法属于二次分析，即其提出新问题是基于对已有问题的分析基础上进行的抽象与综合，这其中既有已有知识的整合，又有多知识样本碰撞产生的新理论线索。

三、应用于中层理论建构的元分析研究方法设计

（一）元分析研究方法设计的步骤

将元分析方法应用于中层理论建构在方法设计上可分为以下步骤：第一，汇总情景性知识与已有理论框架；第二，从已有理论框架中提炼归纳分组条件；第三，利用分组条件对情景性知识进行类型化分组；第四，利用分组条件识别因果关系；第五，利用分组从多维度审视已识别的因果关系；第六，建构新的理论框架。步骤的操作细节如下：

1. 汇总情景性知识与已有理论框架

该步骤以描述性数据分析生成综合性展示的方式描述不同知识样本的结构是如何的，并且在汇总过程中通过明确界定整合的知识样本的调查范围可以发现接下来的核心关注点与所整合知识样本中的异同之处的线索。由此可见，元分析方法在知识的因果机制探索方面具有优势。

情景性知识与已有理论框架的选择必须经过严密的研究设计。这是因为特定的社会现象与经验问题往往有多种理论进行解释，特别是由于许多具有异质性竞争理论视角的存在，使得可选择的知识样本数量庞大，因此情景性知识与已有理论框架的搜集与选择存在一定困难。如果我们试图在元分析研究中获得具有理论框架意义的解释，就必须权衡多样化、异质化的已有理论框架与情景知识。元分析研究方法在设计时，为增强元分析方法实施的可行性，应尽量将研究主题缩小到研究主题的关键问题上。但即便如此，为元分析方法聚焦的因果机制建构提供基础材料的情景性知识与理论框架的数量依然庞大。因此元分析方法采取了以下策略。

第一，基于扩充研究视野的考虑，元分析方法知识样本的汇总可采用“理论视角”的分类方法。即从研究主体的关联研究文献中的主要理论视角出发，推导出一个混合的理论视角知识样本组合库，并基于知识样本组合库进行知识样本的搜集。首先，元分析方法对所既定的研究主题的理论前沿进行全景式扫描与回顾；其次，元分析方法要根据研究目的与研究主题进行具体的研究设计。研究设计在设计之初可采用头脑风暴法等值得研究的条件组合。即使通过上述如此广泛的理论回顾和梳理，也很难覆盖所有可能的知识样本。因此，元分析方法还会采用一种更加“全面”的策略作为补充，即依据能搜集到的现有理论、假设和解释机制作为理论线索多次补充知识样本。

值得保留的知识样本组合的复杂性也可以通过样本选择标准或程序的设置进行简化。例如，在“政策变迁驱动因素研究”中，对知识样本的汇总采用了“多源流理论框架”“倡议联盟框架”等理论视角的分类方法进行整合，同时在整合过程中以结果导向的分析技术进行分析，以初步确定值得关注的“因果关系”线索。这种初步线索的确定实际上就优化了研究中注意力资源的配置与值得关注的因果关系，从而使得条件数量与整合的知识样本数量之间形成优化状态。

第二，保持对整合的知识样本的敏感度是必要的。这是因为整合的知识样本中包含折射因果机制的情景知识，因此必然存在常规模式以及偏离常规的模式，保持敏感度才能识别整合的知识样本的所有可能的因果机制解释路径。此外，整合的知识样本中的知识都是经过简化表述的因果机制组合，因此必须对一定数量阐释因果机制知识样本保持敏感度，才能追踪与理解隐藏于情景知识下的因果机制路径与意外的“偏差”。

2.从已有理论框架中提炼归纳分组条件

面对第一步骤中整合的海量知识样本，充分开发所有整合的知识样本的难度使得对处理数据资源的需求成倍增加。因此，通过系统比较进行类型化分组从而改进对整合的知识样本知识的处理方式就成为必须，即通过找寻整合的知识样本知识与核心知识样本的“亲密度”，从而将海量知识样本类型化为一定数量的知识域，从而降低分析维度。

元分析方法通常可以在已有理论框架分析中发现分组条件线索，通过第一步骤获得整合的知识样本的信息和知识，为发现分组条件线索提供更为系统的证据支撑。具体表现为，在确定研究主题以后，必须明确整合的知识样本的理论界限。一种常见的做法是按照所研究主题的现有理论框架维度进行类型化分组，这样就保证了整合的知识样本在组间层次具有相似性，在组内维度上具有可比性。因此，对知识样本的整合界限隐含着条件假设，即对知识样本进行整合选择的条件是基于某种相似性，并以其为下一步进行比较的基础；在情景知识多样化下依据相似性进行类型化分组，进而以最少数量的整合的知识样本分组实现最大程度的整合的知识样本组间异质性的显现。

简而言之，元分析方法对知识样本的整合实际上就是在研究主题确定的基础上以“最大相似”与“最大差异”策略实现知识样本整合的研究设计。“最大差异”策略的系统设计如下：整合的知识样本在因果机制上的显著相似将在类型化分组间出现，并且这些相似将成为未来因果机制“解释”的重要基础。这是因为在元分析研究过程中依据相似对整合的知识样本进行配对，将可以显著提高观察因果机制解释的控制变量法的核心解析路径的有效性。“最大相似”策略的系统设计如下：在类型化分组内寻求最大相似性，通过比对整合的知识样本消除了与因果机制探索无关的影响因素，从而从结构层面识别因果机制的更“普遍”、更具有延伸“有效性”的解释。综上所述，整合的知识样本选择过程即由研究问题通过搜寻与选择逐步形成研究对象的过程。知识样本的整合选择并非简单的程序化操作，而是在初始研究问题与理论基础支撑下的纳入，而且在这个过程中拟整合知识样本数量并非预先设定，而是根据研究的实际进展对整合的知识样本进行的添加或剔除。

3. 利用分组条件对情景性知识进行类型化分组

在元分析方法的类型化分组步骤中，元分析方法通过定义一系列可能产生某个结果的理论和假设条件对类型化分组进行操作。元分析方法在类型化分组方面具有优势，因为其基于理论与假设形成了一种标准化程序。元分析方法功能主要表现为：面对大量的待分析的知识样本，通过类型化分组降维的方式来减少待分析的知识样本数量。元分析方法的类型化分组过程可以看作是匹配整合的知识样本和条件的系统过程。元分析研究方法能够在匹配分组过程中验证关键分组条件，从而在后续分析中进一步定性地解释所整合的知识样本群。

4. 利用分组条件识别因果关系

“识别因果关系”是元分析方法的核心。元分析方法“在开始时识别因果关系”，并通过整合知识样本、类型化分组条件等详细说明并评估所识别因果关系的真实性。元分析方法提供了一个整合的知识样本情景知识、分组条件与因果关系识别的对话框。这种贯穿元分析方法程序始终的对话框为不断整合具有因果关联关系的信息提供了载体支撑：元分析方法在应用过程中的持续性回顾为发现更多的、更为横向的因果关系保持了足够的敏感性，形成了串联整合的知识样本选择、分组条件、类型化分组、纳入“识别因果关系”的合理性循环。

在元分析方法中所使用的“识别因果关系”实际上与元分析方法的因果机制的探索性目标相关联，即目标限定于因果机制的探索上而不是证明上。所识别的因果关系在结构上与可观察的整合的知识样本不存在矛盾，也没有改变所利用知识样本的任何性质。

5. 利用分组从多维度审视已识别的因果关系

元分析中利用分组从多维度审视已识别的因果关系其实就是综合各组的相似性从而修正已识别因果关系的过程。对所有的知识样本群组的情景知识与因果关系线索进行综合分析，以便获得所有知识样本相似性的充分搜寻，包括在整合的知识样本域中具有相同因果关系与不同因果关系的知识样本。完成此步骤后，就可以用知识样本中提取的因果关系进行多次的检验与修正，特别是使用滚雪球的研究方法不断进行前后与组间的因果关系检验等，从而不断通过余下相似性的细致检查增强已识别因果关系的稳定性。因此，利用分组从多维度审视已识别的因果关系中关键的程序包含以下内容：一方面，分配更多研究注意力资源聚焦于重新审视特定关键群组间因果关系的差别与相通之处，因为通过多维审视发现的关键因果关系之间的相互作用才值得进一步关注。这种源于多维度的因果关系的关联的深度分析，可以对导致因果作用发生的核心要件产生更深刻的认知。另一方面，多维度审视也可以交叉验证已经发现的关键因果关系，从而为关键因果关系的判定提供结论的稳定性保障。

元分析研究方法利用分组从多维度审视已识别的因果关系的实质是验证已识别的因果关系是否能成为知识样本分组后重新聚合的核心。实际上，这一步骤之前的分析，元分析研究方法已经将知识样本所呈现的多维“因果关系”简约化。因此，为了对简约化之后的多维因果关系的普适性提供有效保证，就需要利用分组从多维度审视已识别的因果关系。具体来讲，元分析方法首先接受所识别因果关系的假设，以便从“识别因果关系”阶段转移进入“审视因果关系”阶段。元分析方法利用分组从多维度审视已识别的因果关系，并评估了它们相对于整个知识样本而言的合理性，从而能够生产出更具理论基础的因果机制。

6.建构新的理论框架

通过以上步骤，元分析方法识别因果机制的最终成果输出将呈现为建构新的理论框架，即通过对整合的知识样本中多种因果关系的识别，与整合的知识样本对话进而简化以发展新的理论论断。

元分析方法是以多维理论视角对整合的知识样本特征与情景知识进行分析从而进行理论建构的。由于整合的知识样本特征与情景知识的多元性，故考虑到整合的知识样本选择和变量选择的探索性，元分析方法的理论建构一般是从相对较低的理论建构开始。更准确地说，元分析方法在分析的整个过程中注重突出“多重并发因果关系”的共同因果，并重新以新的理论框架整合这些共同因果，使其能够更精炼的以特定的方式表达。然而，元分析方法本身并不能发展出新理论，其所能做的是在已有理论基础上以新的理论框架整合特定知识样本集合，并通过回归整合的知识样本的原始情景知识来判定所发现的“多重并发因果关系”中的重要部分。

总之，元分析方法对整合的知识样本与已有理论框架进行了延伸、解构与再建构，挖掘“多重并发因果关系”的可能性，并从“整合的知识样本”的多维视角检验与抽象“多重并发因果关系”，从而在多种竞争理论视角基础上建构新的理论框架。

（二）政策变迁中层理论框架建构的元分析研究设计

本部分在前一部分元分析方法应用于中层理论建构的方法设计描述基础上，围绕政策变迁中层理论建构的研究聚焦点进行研究设计，并呈现研究过程展开的具体细节。具体操作细节如下。

1. 汇总政策变迁相关知识样本

由于整合的政策变迁知识样本构成了比较与类型化分组的基本研究焦点，因此对用于后续步骤分析的知识样本选择与整合，相比于其他研究方法对知识样本的处理需要投入更多的关注。事实上，知识样本选择对比较与类型化分组的敏感性，这一最初步骤的严格性与精准性对知识产出的影响至关重要。

本章试图揭示驱动政策变迁的影响因素，因此整合的知识样本选择方法包含两个步骤。

首先，参考政策变迁研究经典分类，初步确定政策变迁的经典理论框架，包括“多源流理论”“间断—平衡框架”“政策网络理论框架”“倡议联盟框架”等领域。这些理论框架从不同视角揭示了政策变迁的因果机制，并且通过在多样化特定政策变迁场域中的应用检验了理论框架的适用性。

其次，元分析通过对其研究整合的知识样本的明确定义，基于中国知网选择具有“政策变迁”“多源流理论”“间断平衡框架”“政策网络理论框架”“倡议联盟框架”等关键字的论文作为研究整合的知识样本。元分析方法所坚持的这些整合的知识样本是被建构出来的，而不是随机选择的，这符合元分析方法的一般重点：超越知识样本代表性问题、强调情景和因果结构的多样性。

在基于元分析方法的政策变迁中层理论研究中，其研究路径是元分析方法发挥观察性研究的功能，通过对中国知网相关政策变迁整合的知识样本的结构化与数据挖掘，获得对政策变迁在治理场域中的理论元素、理论逻辑等关系的理解，进而通过研究变量间因果机制生产具有透彻洞见研究问题的知识产品。对中国知网政策变迁相关整合的知识样本进行分类并作为样本使用元分析方法进行分析，即将具有逻辑合理性的元分析方法内嵌于政策变迁整合的知识样本中，并以所选择整合的知识样本的集合生产具有涵盖整合的知识样本集合理论元素与理论逻辑的特定理论。众所周知，不同理论视角对理论阐释的信度和效度均有影响，因此，对同一整合的知识样本采用不同理论视角进行理论阐释或基于同一类型理论的不同视角抽取理论元素有利于减小测量误差。严格来说，中国知网政策变迁相关整合的知识样本由于是互不联系的观察者基于自身观察进行的随机选择，因此，基于因果推论基础上的元分析方法将具有一定的理论代表性。研究检索时间跨度为 2000 年 1 月至 2020 年 3 月。共获得符合研究设计的文献 88 篇，其中“多源流理论”有关文献 24 篇，“制度分析与发展框架”有关文献 5 篇，“间断—平衡框架”有关文献 25 篇，“政策网络理论框架”有关文献 13 篇，“倡议联盟框架”有关文献 21 篇。

2. 从已有理论框架中提炼归纳分组条件并进行类型化分组

如前所述，从已有理论框架中归纳分组条件有以下方法：①视角方法，整合具有代表性的理论视角作为分组条件并作探索性使用；②显著性方法，基于情景性知识发现具有显著性的分组条件；③二次开发方法，在既有理论框架上添加数量不等的条件，使其成为新的分组条件；④并发选择，从多理论框架中抽取并重新组合具有多重检验机制的分组条件；⑤选择被学术共同体所认可的分组框架作为分组条件。

对政策变迁的知识样本进行分析并研究其影响因素：从政策变迁的样态变化、驱动因素、主体分析等测试分组条件。在使用这些分组条件时笔者发现其产生了很高比例的理论张力。在这种情景下，选择条件不能仅仅基于情景性知识发现具有显著性的分组条件，但可以基于已有理论框架通过归纳深入整合知识样本知识。这种成熟的理论“归纳”方法为知识样本的整合增加了一个“刀刃”，针对整合的知识样本构建足够简约的类型化分组“操作模型”。

类型化分组的依据要与所研究主题相契合，这种契合可以是学术共同体在研究选题下常用的分组依据，也可以将整合的知识样本间要素的突出特征作为分组依据。因此从本书建构政策变迁中层理论框架的研究目的维度观照，相关政策变迁理论框架与其说是理论，不如说是一种分析视角和分析框架的类型化分组，提供了政策变迁驱动因素的不同解释维度。尽可能地运用多元的理论框架，这样做的优势在于：首先，能防止特定理论视角对个体理论元素的过多关注而产生因素偏歧；其次，它引导出不同维度的理论具有自身理论优势的评价；最后，多种政策变迁框架的分组研究能够增进元分析方法随理论框架与理论元素的敏感度。

在类型化分组上笔者主要借鉴保罗·A. 萨巴蒂尔《政策过程理论》一书中对政策变迁主要理论框架的取舍，主要使用制度性的理性选择、多源流理论、倡议联盟框架、间断—平衡框架、政策网络框架等理论框架分析中国治理情景下的政策变迁。政策变迁理论进路是对政策变迁影响因素可能性边界拓展的过程。在政策变迁及相关研究谱系基础上，梳理其变迁过程、问题所在、理论方向等理论线索，以期相互参照建立适用于中国政策情景的政策变迁理论框架。

3. 利用分组条件识别因果关系

如前所述，当整合的知识样本具有同因异果或同果异因样态时，因果关系的线索便得以出现。我们有必要重新审视利用分组条件识别因果关系的策略：观察整合的知识样本的每个组态，分别考虑知识样本的条件与结果的相对频率，然后对组态的结果分布与未被组态获取的知识样本的结果分布进行比较。

此外，由于元分析方法在分组条件中纳入因果关系识别，因此有利于为因果关系识别提供基础支撑。元分析方法使用比较策略对数据异常的可能来源进行透彻的分析。首先，元分析方法在分析过程中不断监控所整合的知识样本，消除了编码错误产生误差的可能性；其次，元分析方法聚焦具有异常的知识样本，分析其情景知识以寻找任何遗漏的因果关系。此外，元分析方法在分析中还纳入了一个反复循环的识别程序，通过追溯并重构因果关系的方式来消除发现的异常因果关系。

在基于元分析方法的政策变迁中层理论框架建构中，元分析方法采用逐步递进方法来分析导致政策变迁的因素，即依次分析在特定情景知识下政策变迁的驱动因素，如在多源流理论中政策变迁的驱动因素就分为政治源流、政策源流、问题源流，在倡议联盟框架中注意力资源分配、核心价值观等。在关键因果驱动因素识别转换为清晰值因果关系识别之后，元分析方法将“所识别因果关系”按照编码因素类型化作为递进分析的第二步，即按照常规编码和异常编码的分类对整合的政策变迁因素进行编码，从而为理论框架建构提供基础构件。

基于整合的知识样本的主流政策变迁理论框架，政策变迁中层理论框架建构选择了制度主义、多源流理论等反映政策变迁驱动因素或变迁样态的因素作为分组条件，并将“识别因果关系”的任务纳入政策变迁知识样本的分组中。在面对具体的知识样本之前，先对每种主流政策变迁理论框架的理论元素与理论演进过程进行分析，然后将识别因果关系的任务以编码的形式纳入以回应知识样本多样性的挑战。这是因为编码的方法可以清晰明了地识别在整合的知识样本中因果机制发挥作用的比例，从而基于实践判断决定其去留。以下展示利用理论性和情景性知识来引导作为识别因果关系的并入，从而为生产新的理论框架提供基础的具体过程。

按照模式化编码方式，对所获取文献进行编码。样本名称编码采用具有分组特征的情景案例缩写加数字名称的形式（为便于检索，在文中以索引表形式呈现题目与编码的对应关系），对理论框架关键驱动因素编码采用样本名称、有无框架外突出因素、框架外突出因素名称的三段式编码结构。

4. 利用分组从多维度审视已识别的因果关系

元分析方法将类型化分组嵌入已识别的因果关系的分解中，从而能够在对已识别的因果关系进行解构的基础上建构用于理论发展的理论元素与理论逻辑的集合。这种从多维审视的类型化分组对已识别的因果关系进行边界的划分与同类型的集合，起到了对多组因果关系降维处理的效果，相比于其他研究方法这是一种进步。通常，在其他研究方法中，多维的类型化分类技术不将意义归结于因果关系的识别。相比之下，在元分析研究中，由于其旨在识别多重并发因果关系的每个层次并在研究设计将此目的深度嵌入，这使得整个过程不仅实现了被观察整合的知识样本在具体因果关系中的识别，而且将识别的高度拔高为与类型化组态因果关系之间关系的识别。

在政策变迁中层理论框架建构中，在“多源流理论框架”“倡议联盟框架”等类型化分组分析的基础上，笔者将嵌入利用类型化分组理论审视政策变迁因果机制的线索的环节，而且将识别的高度拔高为政策变迁深层的情景知识与类型化组态因果关系之间关系的确认和理解上。

5.建构新的理论框架

在政策变迁中层理论框架中使用元分析方法就是通过关注已有理论框架和整合的知识样本形成的情景知识域，在最大程度简化复杂事物的同时挖掘复杂情形下的因果机制逻辑。政策变迁中层理论框架的建构实际上就是通过简化的方法整合多维度、多样化、多作用的因果机制。

在政策变迁中层理论框架建构中，选择切题的“因”与“果”具有一定的难度。这个难题主要表现为，政策变迁原有理论框架经过多年的理论演化已经形成固定的范式，其有限的理论条件在理论框架内具有极强解释力，但是从理论框架内抽取并重新进行组合却存在一定的难度。因此，对政策变迁中层理论框架的建构必须对政策变迁变量之间的相互作用机制进行深入分析。基于对政策变迁深层的情景知识与潜在因果关系的确认和理解，本书从多维理论视角与系列分组条件出发，拟从“理念排序”“目标转换”“工具选择”等三个维度阐释因果机制。

第三章　制度分析与发展框架下的政策变迁因果机制元分析

制度研究引入了演化论、博弈论等研究视角，多种理论视角的兼容与交流为具有一定抽象性的理论框架的诞生提供了理论元素与理论逻辑，丰富了不同场域与情景下问题的解释维度。沿此路径，埃莉诺·奥斯特罗姆通过多元理论框架引入与多元经验研究提炼了制度分析与发展框架。制度分析与发展框架以行动情景和行动者建构的行动舞台作为分析基本场域，重点阐释行动者在特定行动情景下行为互动与激励反应的循环驱动制度演进的过程。为了回应所面临情景的复杂性与多样性，制度分析与发展框架进一步发展成包含操作层次分析、集体选择层次分析和规则层次分析等的多层次分析框架。

一、制度分析与发展框架的理论知识

以下将通过对制度分析与发展框架的理论源流、理论框架，与政策变迁的理论链接等方面加深对制度分析与发展框架的理解。

（一）制度分析与发展框架的理论源流

制度分析与发展框架的理论起源可追溯到 20 世纪 70 年代文森特和埃莉诺突破原有制度研究路径，将公共选择路径纳入制度研究的尝试。在引进公共选择路径时，以人的模型、事件世界、决策安排和评价标准等四个基本要素为基础建构了制度分析与发展框架。制度分析与发展框架重点分析了具有外部效应特点的公共物品和服务生产过程中的“搭便车”行为的利益驱动机制及治理策略选择。在比较不同制度提供公共资源的效率差异基础上，其认为解决“搭便车”的决策规则应该是和情景相匹配的具有更高层次规则选择逻辑的资源配置制度安排。其后，文森特和埃莉诺进行了多类别经验研究，从实证维度审视与检验了结论，为制度分析与发展框架的发展提供了实践支撑。

1977 年，文森特和埃莉诺在《公共物品与公共选择》中将公共物品的生产与消费根据不同公共选择路径进行了类型学划分，并据以探讨了不同组织形式提供不同类型物品的效率差异。其中“公共池塘资源”的提供与消费成为埃莉诺理论研究的核心聚焦。

1982 年，凯泽和埃莉诺的《行动中三个世界：制度路径的元理论综合》综合了主要制度路径的概念关系和变量类型，其标志着制度分析与发展框架针对不同理论假设对应不同理论解释已形成规范性框架。其主要贡献包括：创设了行动情景概念；将制度安排定义为包含操作层次、集体选择层次和规则选择层次的规则系统。

1986 年，埃莉诺发表了《一个制度研究的议程》，进一步指出位置与边界等规则构成要素，将行动舞台进一步描述为由行动情景和行动者构成的基本场域。

2005 年，埃莉诺的《理解制度多样性》一书，首次用明晰化的理论框架形式将制度分析与发展框架应用在公共池塘资源治理中，标志着制度分析与发展框架基本具备了理论化和系统化的理论特征。

（二）制度分析与发展框架的理论框架

情景多样性是制度分析与发展理论框架立论的基础。而制度诞生、演化于多元化的行动情景之中，并作为不同行动情景的因变量，因此制度多样性就构成了对情景多样性回应的事实。基于以上分析，制度研究需要围绕制度在不同情景下怎样持续与演进，制度对多样性情景的影响机制等基本研究问题进行研究。而制度分析与发展框架将基本研究问题提炼成由外部变量、行动舞台、规则结构等若干分析单元。

1. 外部变量

制度分析与发展框架将影响行动舞台的外部变量作为进行制度分析的逻辑起点，对行动舞台与行动舞台所嵌入场域之间的影响机制进行聚焦性分析。影响行动舞台的外部变量主要包括环境属性变量、制度变量和共同体属性等。

（1）环境属性变量。环境属性变量是影响行动舞台的重要变量。因为制度存在于行动舞台所在的大的环境变量中，而环境属性变量会框定行动舞台进行物质交换、行为互动、信息交互的方式与状态，因此同样的制度在不同环境变量属性下会形成不同的制度效率。这种制度效率的差异主要体现在，行动者在不同物理世界面临着不同的激励，由此产生的公共产品的生产与消费存在效率差异。此外，环境变量中资源的属性等特征影响参与者对行动舞台中资源配置效率的获得。

（2）制度变量。行动舞台中制度的演进是重要的分析对象。制度是共在场域中所有行动者对规则、秩序与行为的公共理解，其框定了行动者价值判断与行为选择的空间。制度对行动舞台的变量作用主要体现在对所行动者行为选择的激励或约束的结构性框定，即场域中秩序的生成。

（3）共同体属性。处在行动舞台场域中的共同体作为制度变量与环境变量的中间变量的承载者，其属性是影响行动舞台的重要变量。共同体是共在场域中以一定的社会网络链接为基础，具有共同利益指向的个体的集合，其在制度变量与环境变量的作用机制中起到如下作用：共同体中个体普遍接受的行为选择规范、共同体中成员利益偏好的聚焦程度以及对资源分配规则的共识都会与行动舞台中制度变量与环境变量相互影响，从而影响行动舞台中行动的效果与效率。

2. 行动舞台

制度分析与发展理论框架将分析单位聚焦于行动舞台。行动舞台是行动者在特定行动情景下互动的模式，包含行动情景与行动者两个构成要素。

（1）行动舞台中的行动情景。行动情景是对行动者行为选择场域的结构、资源等的描述。行动情景可抽象为需要资源分配的行动者结构与数量、行动者群体的社会结构、场域中技术可行边界、从行动到结果的传导链条、合意秩序对行为选择的影响、信息对行为选择的有用性、行动和结果的成本收益线等七个构成要素。

（2）行动舞台中的行动者分析：对激励或约束的反应。行动者是构成行动舞台的关键要素。可以从心智构念、行动循环评价模型、行为选择模型等三个方面对行动者面对激励与约束的反应进行思考。其中，心智构念是行动者对所处场域制度、情景与模式的认知过滤的基础，其能够挖掘、过滤行动情景中复杂行动链的要素；行动循环评价模型是行动者对所参与的行动舞台对行为选择的激励或约束作成本收益分析，从中提炼指导或规范自身行为选择的特定情景知识；行为选择模型是行动舞台中的行动者回应行动舞台中制度、文化、情势等要素所形成的包含行为方向与行为策略的有限理性选择框架。

（3）行动者与情景互动、激励、再互动的循环。在行动者与情景互动、激励、再互动的循环情景下，行动者会从嵌入社会网络的其他行动者或过去经验进行策略学习，即通过对行动情景分析和假设修正来解释、诊断和预测未来的情景从而选择行动策略。这是因为在行动舞台中没有一种万能策略可以适用所有情景和模式。因此，行动者需要通过“干中学”的实践性学习来对行动舞台的不同情景因素进行信息反馈与策略设计。

3. 规则结构

规则结构是行动舞台中行动者所必须依据的秩序原则，其累积效果影响行动者与行动情景的相互关系。规则结构包括边界规则、职位规则、聚合规则等。其中边界规则是行动者进出行动舞台的条件约束，其规定哪些参与者具有获得资源的权利；职位规则是行动情景中对行动者角色的设定，其建构了行动者扮演角色的策略选择集合与角色目标集合；聚合规则是对行动情景中如何聚合分散的决策选择权，从而实现资源组织的规定。

（三）制度分析与发展框架与政策变迁的理论链接

在萨巴蒂尔主编的《政策过程理论》中，将制度分析与发展框架作为具有阐释政策变迁演进机制强大解释力的理论选项。制度分析与发展框架认为应该“深挖”制度本身作为政策变迁的内生变量讨论政策的多层次变迁问题，提出了操作层次选择、集体层次选择、规则层次选择和元规则层次选择等多层次分析框架，每一层次的政策变迁都需要置于更多层次的行动情景中进行分析，以此来更好地理解制度中的不同层次是如何成为政策变迁的重要变量的。

1.对政策变迁进行多层次分析

理论框架适用的起点是选择分析单位与分析层次。鉴于行动情景是多样化制度系统的构造物的事实，因此，结合行动者在不同行动情景中行为选择具有转换性的事实，使用制度分析与发展框架需要进行多层次分析。使用制度分析与发展框架研究政策变迁经验研究时，一般将政策变迁的决策主体及其所在行动舞台作为分析单位。这是因为在多样性的行动情景中存在不同的行动者。而为了全景展现整个政策变迁的驱动因素，需要从单一层次分析向多层次分析转换，考虑不同主体对政策变迁的影响。

从制度视角阐释政策变迁驱动机制，意味着需要应用制度研究的理论框架观照政策变迁问题：制度的多层次性在政策变迁中的驱动因素和驱动机制是什么？制度的多层次与政策变迁中每一个环节的关系是怎样的？实际上，制度分析与发展框架中的“制度”概念涉及具有组织学意义的情景，组织结构与组织间被个体所感知与认可的、相互作用的，具有模式特征的规则与策略两个维度。制度分析与发展框架对制度研究的贡献就在于认识到制度的多层次性使得行动舞台中多种不同的规则、外部环境的特征和相关行动者结合，共同构成了复杂多样的整体性变迁。特别是将其置于更长的时间轴中进行观察会发现，这种整体性变迁更表现为个体按照元规则和不断的集体选择性谈判所形成的演变：操作层次上的规则影响组织内行动者的互动，从而在实践操作层面直接影响政策变迁；元规则影响行动舞台中决策结构，从而使得决策博弈影响集体选择的政策方向；集体层次的规则作为操作层次规则与元规则层次的中间层次，会依次受到集体选择性和元规则选择性规则的影响，从而影响在政策变迁中合意的达成与集体选择的一致。

具体来讲，操作层次选择是在集体层次和规则层次之下进行的选择，其直接对政策嵌入情景产生影响。集体选择规则是开启政策变迁的决策过程，其核心是确定谁有权利参与政策变迁问题流、政策流、政治流的汇流过程。规则层次则说明决策议程设置的规则，包括影响决策的制度是权威中心的还是多中心的，行动情景的理念偏向于采取市场效率机制、科层推动机制还是网络链接机制。规则层次影响决策过程中对政策工具、问题界定等的认知，具体表现为对议程设定、政策子系统形成、政策绩效、政策工具选择、政策学习中的政策变化等的影响。

2.政策变迁中的多目标排序分析

不同情景下的政策过程中都能识别出存在于情景中并与情景中的制度相匹配的目标变量结构，这些目标变量结构中多目标的优先性排序在不同的情景下会随决策主体理念排序的变化而变化。多目标优先性排序可以分为决策层面与执行层面两个维度。

多目标优先性排序在决策层面体现为决策者在情景框定、资源约束、制度规范下通过政策文本、会议等形式自上而下传导多目标排序，影响整个政策过程的议程设置与政策注意力资源配置，从而驱动政策变迁。

多目标优先性排序在执行层面体现为政策执行者通过评估情景知识与自上而下传导的多目标排序，会根据情景与目标排序所提供的激励设置具体情景下多目标融合秩序，并相应调整资源配置以增强自身政策目标体系的适应能力。执行层的这种根据情景对多目标排序的执行将改变资源配置与情景结构，进而对具体层面的政策变迁产生直接影响。

多目标排序的首要步骤是确认情景知识。情景知识指情景中参与主体基于主体所处结构位置而进行的信息处理、利益计算、行为选择，其框定了问题所在的维度及问题解决步骤的优先排序。情景知识实际上是情景中多元主体行为选择与认知结构的变量化呈现，能够为具体情景下个体行为选择的可能集合提供支持性框架。情景知识的特征可通过以下变量来刻画：①情景知识中参与主体构成及其联系；②情景知识中对情景结构的识别与判定；③情景知识中的信息处理的惯性路径；④情景知识中主要的收益—成本链条的计算。

多目标排序的机制作为共同行动者起作用的群体，其根据所占有的信息理性选择寻找具有资源支撑与实践可行性的策略。即行动者具有能够处理信息并制定完备的、良好的偏好序，从而使期望的目标选择利润净值最大化的能力。这意味着决策者对政策目标的排序取决于其对各种目标及其可能结果的理解与预测。并且决策者对目标的排序还受到环境的选择压力的影响，即行动者为求得在行动舞台的持续生存，会最大化与环境生存相关的关键目标。基于以上分析，决策者面对某一特定行动情景的相关变量时，会将其转化为可被充分地描述的具有约束条件的极值选择问题，依托对行动情景下的生存与发展的分析模式与结构特定假设，通过对信息的条件分析推动自身选择特定的目标排序以追求生存与发展的均衡。

3. 政策变迁根植于行动情景，并受情景中初始制度的影响

以制度分析与发展框架观照政策变迁，政策变迁是行动主体在规则、资源条件以及共同体属性的驱动下对激励进行反应从而改善目标选择与行为选择的变迁过程。制度分析和发展框架起源与发展于公共池塘资源的研究，比较典型的学术聚焦以灌溉系统使用、森林资源分配、海洋资源分配为分析场景从而确定合适的分析单位和层面。比如，在灌溉系统的轮流使用的规则演进过程中，就发展出一种理论发现：在诸如对灌溉群体规模、地区类型、博弈次数等变量作用下，有限理性个体逐渐演变出对“规则反应”的直觉推断，能够在缺乏外部规则强加的情况下达成协议的持续稳定。在以森林资源分配为应用情景的制度分析与发展理论框架研究中发现，规则在影响森林使用者破坏与保护的动机方面的矛盾的一个重要驱动因素是，是否允许社会等级较高的村民进入森林资源分配规则游戏的制定中。受此启发，政策变迁根植于行动情景，其变迁方向与演变速率受情景中初始制度的影响。

二、类型化分组后的分析：多情景知识汇总与分析

（一）汇总制度分析与发展框架相关知识样本

由于整合的制度分析与发展框架知识样本将构成基本研究样本，因此对用于后续步骤分析的知识样本选择与整合相比于其他研究方法对知识样本的处理需要投入更多的关注。本章试图寻找基于情景知识案例的制度分析与发展框架的例外因素，因此整合的知识样本选择包含两个步骤。

首先，初步确定制度分析与发展框架的经典理论框架。经典理论框架揭示了制度是不同情景下演化形成的规则机制，重点观察多样化情景下制度分析与发展理论框架的适用性。

其次，其研究整合的知识样本的明确定义，基于中国知网选择具有“制度分析与发展框架”等关键字的论文作为研究整合的知识样本。

本章尝试以制度分析与发展框架作为研究视角探究其在多情景知识中所表现出的框架适用性及例外因素，从而为建构政策变迁的中层理论框架提供理论元素与理论逻辑。其研究路径是元分析方法发挥观察性研究的功能，通过对中国知网相关制度分析与发展框架整合的知识样本的结构化与数据挖掘，获得对制度分析与发展框架在治理场域中的理论元素、理论逻辑等关系的理解，进而生产能够透彻洞见研究问题的知识产品。对中国知网制度分析与发展框架相关整合的知识样本分析进行分类并作为样本使用，即将具有逻辑合理性的元分析方法内嵌于制度分析与发展框架整合的知识样本中，并以所选择整合的知识样本的集合生产具有涵盖整合的知识样本集合理论元素与理论逻辑的特定理论。研究检索时间跨度为 2000 年 1 月至 2020 年 3 月。根据前一步骤确定的制度分析与发展框架理论框架标准，以“制度分析与发展框架”“IAD”为关键词进行篇名搜索共获得符合研究设计的文献 5 篇。

（二）知识样本的情景知识提取与分析

从本章制度分析与发展框架的研究目的维度观照，相关制度分析与发展框架理论框架与其说是理论，不如说是一种分析视角和分析框架的类型化分组，提供了制度分析与发展框架驱动因素的不同解释维度，为防止特定理论视角对个体理论元素的过多关注从而产生因素偏歧与保持理论框架与理论元素的敏感度发挥了重要作用。

在基于元分析方法的制度分析与发展框架建构中层理论框架中，元分析方法采用逐步递进方法来分析影响制度分析与发展框架的因素，即依次分析在特定情景知识下制度分析与发展框架的驱动因素，如制度的演进是对特定情景下公共物品如何实现效率与效果与情景互适的回应等。元分析方法将基于常规和异常的分类对整合的知识样本进行编码作为递进分析的第二步。在这一步，元分析方法将关键因果驱动因素转换为具有清晰值的编码，从而使得所识别因果关系组合生成能够为理论框架建构提供基础构件的理论元素与理论逻辑的集合。

基于整合的知识样本的主流制度分析与发展框架理论框架，将制度分析与发展框架作为分组条件，并将“识别因果关系”的任务纳入制度分析与发展框架知识样本的分组中。在面对具体的知识样本之前，先对每种主流制度分析与发展框架理论的理论元素与理论演进过程进行分析，然后将识别因果关系的任务以编码的形式纳入以回应知识样本多样性的挑战。这是因为编码的方法可以清晰明了地识别在整合的知识样本中因果机制发挥作用的比例，从而基于实践判断决定其去留。以下展示利用理论性和情景性知识来引导作为识别因果关系的并入，从而为生产新的理论框架提供基础的具体过程。

按照模式化编码方式，对所获取文献进行编码。样本名称编码采用具有分组特征的理论框架名称缩写加数字名称的形式（为便于检索在文中以索引表形式呈现题目与编码的对应关系），对制度分析与发展理论框架下知识样本的分析采用样本名称、有无框架外突出因素、框架外突出因素名称的三段式编码结构。

（三）值得特别关注的突出要素

在制度分析与发展框架分析中，选择切题的“因”与“果”具有一定的难度。这个难题主要表现为，制度分析与发展框架原有理论框架经过多年的理论演化已经形成固定的范式，其有限的理论条件在理论框架内具有极强解释力，但是从理论框架内抽取并重新进行组合却存在一定的难度。因此，对制度分析与发展框架的分析必须对其变量之间的相互作用机制进行深入分析。以下是对知识样本进行分析发现的具有突出性特征的理论元素，如表 3–1 所示。

表 3–1　制度分析与发展框架下情景知识案例集合

情景知识编码	情景知识题名	有无框架外突出因素	框架外突出因素名称
QJ001	农民工随迁子女异地高考政策制定过程透析——从制度分析与发展框架的视角出发	无	无
QJ002	高等教育政策制定过程中的决策层次及其权力限度——基于制度分析与发展框架的分析	有	不同层次决策主体权力范围对政策变迁的影响具有差异
QJ003	基于制度分析与发展框架的环境保护税多元协同治理研究	无	无
QJ004	制度分析与发展框架下中国住房政策过程透析	有	政策目标转换对政策变迁影响
QJ005	基于制度分析与发展（IAD）框架的先行先试政策推广评估理论研究——以国家大数据（贵州）综合试验区为例	无	无

（1）QJ002 情景知识案例通过从制度分析与发展框架的元规则、集体选择及操作实现的三个维度来分析高等教育政策制定过程中历时系统

与共时系统的作用机制发现，不同层次决策主体的权力范围对政策变迁的影响具有差异性。

（2）QJ004 情景知识案例通过制度分析与发展框架对行动舞台（政策舞台）的划分透析中国住房政策变迁过程发现，行动舞台受到外部情景结构变化会产生政策目标转换，从而驱动政策变迁。

三、基于制度分析与发展理论框架的因果关系识别

实际上，单纯依靠理论梳理或经验总结很难发现具体理论框架可进行改善的地方。将多情景知识与理论梳理、经验总结相结合却有助于增强所建构框架对不同情景知识中规律进行逻辑一致的阐释的能力。因此，在情景知识的分析中寻找值得特别关注的突出要素，将从识别重要的理论要素、整合不同理论的优势、促进新知识生产等方面提升理论框架的有效性。

（一）制度分析与发展框架对政策变迁中层理论框架建构的启示

制度分析与发展框架在理论建构与理论演化过程中对框架、理论和模型三者的优劣特征进行了理论取舍。其将框架界定为对特定研究对象逻辑要素及要素关系的框定；将理论界定为在特定理论假设下理论要素对特定问题的求解，包括对特定问题的问题界定、机制解释及因果预测等；将模型界定为在明确的范围假设基础上以精确的参数与变量对特定研究对象的机制解释进行的逻辑表达。框架介于模型与理论中间，鉴于情景复杂性与研究可行性，未来建构的政策变迁中层理论框架界定在框架层面进行分析与研究。

（二）情景中决策主体的行为选择：情景判定、逻辑选择及复杂响应

制度分析与发展框架对决策主体实践的多面向和决策主体的复杂行为选择进行了深入探讨，并基于情景复杂性建构“多重选择响应”框架。

从对制度分析与发展框架的情景知识分析可以看出，情景知识中环境的复杂性是决策主体变迁框架建构中重要的变量。通过制度分析与发展框架的理论梳理与多情景知识的值得关注的突出因素的分析，尝试对情景复杂性与模糊性条件下的政策变迁进行映射性类比发现：①在具有模糊性的情景中，决策主体行为选择的多样性会反作用于情景，从而增加其复杂性；②在不同的复杂性情景中，决策主体理念排序追求的差异会影响目标转换与行为选择。这种框架类型丰富了情景中决策主体行为选择多样化的研究图景，有利于深化对决策主体行为的理解，同时也为模糊性情景中政策设计的反思和重构提供了参考。

1.决策主体的动态情景判定与情景复杂性的不同样态

模糊性与复杂性是多变情景的主要特性。客观情景被决策主体嵌入逻辑选择后，将作为增维因素增加情景的模糊性与复杂性，使得决策主体的情景响应具有多样的复杂面。情景中决策主体面临的情景复杂性主要来源于情景中目标、资源与约束三者之间的张力。一方面，情景中多元目标的层次性和决策主体的目标切换为决策主体创制了宽松的行为选择空间；另一方面，从注意力资源等的稀缺角度来看，情景中决策主体的多元目标体系本身就存在资源的争夺。因此，情景中决策主体的实践将呈现“目标转换—工具选择”复杂多样的逻辑图景，需要尝试发展出“情景判定”的理论逻辑用于分析情景中决策主体的行为选择。“情景判定”理论假设决策主体处于复杂性演变的情景中，其策略选择存在多重选择逻辑，且不同选择逻辑之间既有相互融合的交集又具有排斥的张力。

模糊性是在情景中具有多重性的、不确定性的因素所呈现的特征。模糊性对情景判定具有两方面的影响：首先，决策主体对具有模糊性的情景不具备先验性知识，即不具备情景中运行过程与机制的详细信息。因此，情景界定会因界定视角与框架差异而形成模糊性。这种模糊性赋予行为选择以选择的策略空间，并在情景判定与行为选择中授权决策主体持续重新诠释模糊性的机会和限制；其次，情景演化的渐进式与间断式的复合增加了情景模糊性程度，使得机会链接、策略选择和选择边界都居于变动的不确定性之中，从而促使或抑制了情景演化的机制和条件的复杂演化。复杂性是整体中混沌的局部所表现出的随机性变化的集合，由于这种随机性变化的多样性，使得决策主体不具备通过局部来认识整体的路径。而在情景判定中，复杂性则是在情景中随着情景改变，不同行为选择模式在不同情景中的转换能力呈现被动的动态表现。

综上所述，情景判定的复杂性与模糊性为情景中决策主体提供了具有扩展性的行为选择空间。在这种行为选择空间中，情景判定的复杂性与模糊性对决策主体的问题界定与方案选择形成了阻碍；多重选择逻辑交错为决策主体行为选择提供了进行自主组合的机会空间。

2. 实践情景中决策主体的多重选择逻辑

在制度（政策）变迁逻辑中，其核心假设认为决策主体的政策选择会受到情景的影响和塑造，其逻辑表现为决策主体的核心价值理念实际是其在特定情景中形成的关于概念、假定及规则等的社会建构，决策主体通过这些社会建构物生产和再生产其所面对情景的问题结构及意义指向。早期的理论研究出于研究需要对决策主体的选择逻辑进行了简化，理论假设强调单一选择逻辑的相对稳定性。而在经验现实中，决策主体的理念排序变化与复杂情景现实的互动使得其处于行为选择的多重选择逻辑中，这也就是理论研究中单一选择逻辑对经验事实中决策主体多样化行为缺乏解释力的原因。那么，情景中决策主体行为选择时间过程中面临的多重选择逻辑有哪些？决策主体在各个阶段的响应行为选择有何不同？

情景中决策主体在行动情景判定后一般会从三重选择逻辑中进行选择：利益计算逻辑、风险管理逻辑和目标实现逻辑。其中利益计算逻辑是决策主体对情景判定后假设嵌入不同的策略所取得的利益成本结构的预设，其将影响决策主体后续的策略选择；风险管理逻辑是决策主体情景判定所运用的选择逻辑数量和兼容程度塑造了决策主体对情景中风险的认知，从而对决策主体的策略选择产生压力，决策主体会选取对应的政策工具回应风险压力；目标实现逻辑是情景判定后决策主体对目标如何实现的途径的认知，由于是一种预判，实践中目标实现的效率或效果会引起决策主体对情景复杂性的持续回应，从而引致政策变迁。

3. 对复杂性的响应

决策主体的行为选择会受到动态情景判定的影响，特别是基于模糊性与复杂性的情景判定将会使决策主体面临以下不同的情景样态：①分散型样态，是指决策主体面临多重选择逻辑，各逻辑指向不同的行动目标，行动目标的多元化使决策主体的注意力资源处于分散式分配状态。②竞争型样态，意味着多重选择逻辑对决策主体核心“注意力”处于竞争阶段，即多任务目标不具备兼容性，对注意力资源配置的需求处于紧张状态，且注意力资源处于一种摇摆不定状态。③耦合型样态，是指决策主体虽受到多重选择逻辑的约束，但多元目标对资源配置具有较强的兼容性。④主导型样态，是指无论面对什么样复杂的外部情景，决策主体在多重选择逻辑上都存在理念排序的一致性。

面对情景复杂性，决策主体应该如何进行行为选择？基于选择逻辑视角的复杂响应行为选择包括降维行为选择、耦合行为选择和混合行为选择。降维行为选择是基于选择逻辑进行区分并在政策备选方案的结构单元中删除或者边缘化某些行为选择选项以消除情景复杂性导致的紧张；耦合行为选择即通过增加情景中诸要素的链接或改善要素之间的协同性来平衡情景复杂性要求；混合行为选择是指决策主体对复杂情景的行之有效的响应方式，主要指决策主体对自身架构进行设计或建构任务型矩阵架构以整合与容纳多元目标和多重选择逻辑。

情景中决策主体行为选择中的各种“搭配性”行为选择对决策主体目标的实现有何影响？通过决策主体建设历程可以看出，情景中决策主体行为选择时间会产生多样的复杂响应：利用分散性逻辑影响情景中的模糊性与复杂性，主要是决策主体借助情景的模糊性进行制度设计以实现与其他目标的兼容，从总体上实现注意力资源的优化配置；对情景中多元目标进行利用耦合，使得其能够在多元目标追求中求得最优解；利用主导性逻辑将处于动态情景判定中的决策主体对情景中决策主体目标进行拆解从而融合于各种主导工作中。

第四章　多源流理论框架下的政策变迁因果机制元分析

多源流理论框架从驱动因素分解角度着手解释政策变迁如何发生。本理论框架对所分析对象进行了假定：在情景模糊性条件下的政策变迁存在发生的特定时刻。并在假定基础上重点研究三个重要问题：决策主体的注意力资源分配机制是怎样的？问题界定如何影响政策变迁？问题流、政策流、政治流三流耦合如何开启政策之窗？

一、多源流理论框架的理论元素与理论逻辑

金通应用科恩等的垃圾箱模型分析美国联邦政府的健康与运输政策变迁，发现了政策议程设置与政策之窗开启的规律。其基本理论元素与理论逻辑如下。

（一）分析层面与分析单位

多源流理论框架方法主要借鉴了赫伯特·西蒙等人的有限理性原则，将分析单位界定于政策变迁发生前的系统决策过程，并认为政策变迁是多因素驱动下集体选择的结果。多源流理论框架关注方案“输入”转变为政策“输出”的“黑箱”如何运作，并将整个运作过程分解成包含着问题流、政策流和政治流的巨大复杂容器。多源流框架阐释了政策产出如何从议题议程中的问题、议题的注意力资源分配获得政策议程中方案与问题的权威性匹配的形成过程。

（二）情景界定的模糊性与不确定条件

多源流理论框架脱胎于分析政策变迁的垃圾箱模型，在其基础上将情景模糊性与不确定性下如何制定政策回应作为研究侧重。模糊性是指对于同样的情景不同的视角有着不同的现象呈现。这些不同的视角会给决策主体带来现象透视的含糊。不确定性是决策情景对象的另一个特征，主要描述了情景在未来状态下信息的多变性与未知性。决策主体面对模糊性与不确定的情景实际上处于“有组织的无计划状态”。这种“有组织的无计划状态”源于决策主体的变动性、政策偏好选择差异、组织技术应用的差异。

（1）决策主体的变动性主要是指决策主体的变动对决策的影响差异性较大，这种变动性主要包括参与决策的成员的变动或所投入的时间、精力的变化。

（2）政策偏好选择差异是指决策主体受目标阐述模糊与时间限制约束，政策偏好存在偏移。并且在决策主体内部由于其是思想和想法的个体的集合，因此其政策偏好也需要进行内部的统一协调。

（3）组织技术应用的差异是指组织技术将技术理性嵌入组织结构与任务建构中，使得内部组成个体仅具有将自身融入组织体系的个人经验、自由裁量空间、管理权限分割的基本知识。

情景模糊性与不确定性条件下的最大问题在于，无法清晰界定问题，因为其是模糊而且变化的。因此，政策制定的过程实际上不能单纯看成是解决问题的实践，而更应该引入将其视为认识复杂世界的认知尝试。多源流理论框架提供了一个基于模糊性与不确定性的逻辑框架：多源流理论框架将模糊性与不确定性的情景转化为一种过程分析，理论研究重点更倾向于关注政治流、政策流、问题流如何聚合推动政策变迁。

（三）多源流理论框架中的源流框架

多源流理论框架试图解释政策议程存在怎样的感知过滤，决定决策主体将注意力分配于过滤后的特定问题对象。多源流理论框架将整个政策议程的启动过程分解为问题流、政策流、政治流三种源流的耦合。在三种源流汇合开启政策议程的关键时刻，政策主体将注意力投置于三者结合点上，从而形成新的政策变迁。在多源流理论框架中，每一种源流的界定因其自身动力与规则不同而有所不同。

1. 问题流

为什么决策主体将注意力资源倾向性分配给特定问题，却对其他问题予以过滤？这种注意力资源分配的不均衡取决于决策主体如何界定问题能够引致决策主体注意力资源的倾向性分配。这种问题界定具有以下特征：一系列指数的变化直观反映某种问题的累积必须引起重视；事件的重要性或危机性导致注意力资源的风险规避性关注；从现行项目执行效果的反馈表明计划与执行的偏离，必须引起关注并进行校正。从以上分析可以看出，所有能够转化成问题流中问题的情景必然是在问题的情景结构中包含明确、可感知的因素，这些因素能够透过决策主体自身理念系统使得决策主体将其判定为紧迫性或重要性，必须给予关注。

2. 政策流

政策流是指在政策变迁过程中存在于议题议程中的策略主张，这些策略主张来源于议题议程中的专家、智库、媒体、公众、利益诉求者等。这些策略主张经由媒体、论坛、政策诉求通道、舆论等形成了围绕与关注议题中问题的网络。议题网络中的策略主张存在生命周期，这种生命周期实际上是在议题网络博弈或议题与政策的互动中，多种方式的试验和检验所导致的策略主张的萌发、持续、合并或消失。

3. 政治流

政治流是以下三个因素的复合体：国民情绪、政策子系统的博弈、决策主体中的权威更替。国民情绪是指国家公众基于特定价值观念表现出的对事物沿共同的方向判断的情绪表现。当国民情绪传递到政治系统时，政策议程通常启动某些事项以回应国民情绪的诉求；政策子系统的博弈是政策子系统为实现价值的利己性分配而进行的博弈，而具有裁决权的决策主体通常会在政策议程中，通过对博弈的策略主张进行注意力资源的不均衡分配以实现政策子系统的政治平衡。除上述所提到的因素外，决策主体中的权威更替会因整个政策系统注意力的变化而影响议程变化。

4. 多源流中的源流要素相互依赖

多源流理论框架将政治流、政策流、问题流等多种源流看作相互依赖的源流组合，即在多源流耦合中，任何源流的变化都会对其他源流甚至“政策之窗”的开启产生影响，从而使得整个政策变迁过程带有明显的倾向性。比如，依照传统的多源流理论框架的认知，往往将问题流作为政策议程启动的原点，政策流作为问题出现后的利益相关方的回应，政治流启动政策流的过滤机制以回应问题流，但是在实践中政策议程的启动并不一定是由于问题的严重性或重要性，而可能是出于对未来情景中风险管理的需要或是价值观的倡导考虑。

（四）政策之窗对多源流的耦合

多源流理论将问题流、政治流、政策流三流汇合从而使议题议程进入政策议程的关键的时间点称为“政策之窗”，并将其定义为政策子系统博弈中将其策略主张进入政策议程或吸引注意力资源倾向性分配的机会。“政策之窗”受问题的紧迫性或事件的重大性驱动开启，并在开启过程中完成问题与策略的匹配。由此可见，在“政策之窗”开启过程中实际存在两种方式：一种是问题流中的问题结构化界定；另外一种是政治流中问题与策略匹配的搜索启动。

1. 问题流中的问题结构化界定

这种“政策之窗”的开启主要受问题流中问题的紧迫性驱动，即突然的问题产生（如指标的重大变化或突发事件等）打破了原有的行政运行秩序，使得决策主体的注意力资源不得不改变原有的分配方向。这种“政策之窗”产生的窗口激励先是对问题结构的清晰界定，主要包括问题产生的因果机制、变迁历程、利益相关方分析、未来演变预判、主要利益诉求等。而且问题的紧迫性压力促使激发决策主体的探索动力，因此整个过程就从对问题的结构化界定开始。

2. 政治流中问题与策略匹配的搜索启动

这种“政策之窗”的开启主要受决策主体偏好或注意力转移的影响。政策系统内部存在大量等待进入政策议程的重大问题，但受时间、资源等限制，政策系统按照惯有的行政程序对重大问题进入政策议程设置过滤机制。在决策主体权威偏好发生转移时，政治流出现问题导向的工作机制，从而启动策略与问题的匹配程序。问题导向的“政策之窗”是决策主体权威推动下的问题设置，并搜寻与其偏好相符合的策略。

（五）政策企业家在“政策之窗”中对多源流耦合的作用

在“政策之窗”开启过程中，政策企业家对撮合问题流、政策流、政治流的耦合起到催化剂的作用。政策企业家是指那些愿意投入自己的时间及其他资源并且有能力将问题呼吁或策略主张推入政策议程的政策倡议者。政策企业家对“政策之窗”耦合的作用源于，政策企业家具有网络链接能力以及政策企业家具备将多源流耦合的技巧与策略。

1.政策企业家具有网络链接能力

政策企业家网络链接能力包括其地位与社会关系构建，对多源流耦合作用重大。政策企业家一般具有一定的社会地位，并借此进行社会网络链接的建设，从而能使其问题界定或策略主张转换为更大领域人群的问题界定和主张提议。

2.政策企业家具备将多源流耦合的技巧与策略

“政策之窗”开启前的多源流耦合，实际考验的是“政策之窗”所涉问题、政策企业家策略主张、政治流注意力资源分配三者之间的吻合性。当多源流耦合时，政策企业家的问题界定或策略主张“出线”概率将大为提升。因此，政策企业家们为推动多源流耦合将会采取多种技巧与策略。包括但不限于对模糊性的框架构建性解读、对政策议程的推动或延迟。

（1）对模糊性的框架构建性解读。对模糊性的框架构建性解读对于耦合非常重要，在多源流耦合中，多源流动力因素的模糊程度对决策具有重大影响。因为它影响着决策主体对问题、策略的注意力资源分配或看待问题的角度，通过嵌入新的解读性框架能够重新定义问题与策略，从而重构政治流中的注意力资源分配。因此，对模糊性采用何种框架建构予以界定对多源流是否能耦合以及怎样耦合意义重大。政策企业家具有对模糊性进行倾向性阐释的“框架构建”能力，能够通过对先例存在、逻辑证明、经验反馈的倾向性维度解释推销自己的问题界定或策略主张。

（2）对政策议程的推动或延迟。政策企业家采取策略使得问题或策略突出，从而引起目标群体的注意力资源分配的变化，就有可能推动或延迟政策议程的设置。通常采用的办法是借助媒体的影响力放大问题的某一方面从而引起舆论关注，或者借助决策系统内部关键个人的影响力改变政策议程的设置。

二、类型化分组后的分析：多情景知识汇总与分析

（一）汇总多源流理论框架相关知识样本

由于整合的多源流理论框架的知识样本将构成后续进行知识生产的研究焦点，因此，对知识样本的选择需要投入更多的关注。本章试图揭示多源流理论框架中案例样本有无例外影响因素，因此案例样本选择主要基于以下两个步骤。

首先，参考多源流理论基础理论框架，初步确定多源流理论框架知识的涵盖范围。

其次，在对应用多源流理论框架的知识样本明确界定后，基于中国知网选择具有“多源流理论”等关键字的论文作为研究整合的知识样本。这些知识样本通过不同案例的叙述揭示了多源流理论框架所蕴含的因果机制，并且以多样化的场域应用检验了多源流理论的适用性。

最后，通过对所获得的中国知网相关多源流理论框架的知识样本进行初步的样本清洗，获得对多源流理论框架的理论元素、理论逻辑等的初步理解。研究检索时间跨度为 2000 年 1 月至 2020 年 3 月。根据前一步骤确定的多源流理论案例样本的选择标准，共获得符合研究设计的文献 24 篇。

（二）知识样本的情景知识提取与分析

由于知识样本中情景知识的提取与分析在初始的类型化分组中纳入

因果关系识别的任务，因此，在多源流理论框架知识样本中有利于识别政策变迁的因果机制。首先，知识样本中情景知识的提取与分析可以再次检查所整合知识样本，消除了选择知识样本发生偏离的可能性；其次，知识样本中情景知识的提取与分析聚焦具有特殊性的知识样本，分析其情景知识以寻找有无特殊的因果机制。此外，知识样本中情景知识的提取与分析中还嵌入了一个反复循环的因果机制识别程序，通过追溯发现多次出现的特殊因果机制。

知识样本中情景知识的提取与分析采用逐步递进的方法来抽象多源流理论框架下知识样本中的驱动因素。其将依次分析在特定情景知识下多源流理论框架的驱动因素作为递进分析的第一步，如对多源流理论框架中意识形态、政策企业家、政策之窗等因素的发掘，然后将对知识样本分析所获得的关键因果驱动因素转换为具有清晰值的编码作为递进分析的第二步，其目的在于生成一个有利于为理论框架建构提供基础构件的理论因素集合。

（三）值得特别关注的突出要素

知识样本中值得特别关注的突出要素的提取与分析从多维度审视已确定的知识样本来发现。实际上，知识样本中值得特别关注的突出要素的发现是以所整合的知识样本属性和已有理论对比为基础。与其他研究方法不同的是，知识样本中值得特别关注的突出要素提取与分析没有止步于已识别的因果关系的线索寻求解释，而是需要深度挖掘值得特别关注的因素在多源流框架及其在框架外的理论意义：将识别的高度拔高为未来的理论框架建构提供理论元素或理论逻辑的功能定位上。

在对多源流理论框架知识样本的分析中，选择值得特别关注的突出因素的“因果机制”具有一定的难度。难度主要表现为，多源流理论框架经过多年的发展，其理论框架演化已较成熟，能够在一定的理论元素与理论逻辑下解释大多数的情景案例，因此，发现理论框架外值得关注的突出因素将具有一定的难度。但是这种理论研究的预见并不妨碍对多源流理论框架中的变量之间的相互作用机制进行探讨。多源流理论框架下情景知识案例集合如表 4-1 所示。

表 4-1　多源流理论框架下情景知识案例集合

情景知识编码	情景知识题名	有无框架外突出因素	框架外突出因素
QJ001	产学研协同创新政策议程研究——多源流理论视角	无	无
QJ002	网络舆论是如何形塑公共政策的？一个“两阶段多源流”理论框架——以顺风车安全管理政策为例	无	无
QJ003	数字教育资源公共服务政策缘何变迁？——基于多源流理论视角	无	无
QJ004	完全还是有限：政策议程建立的型构条件与耦合机理——基于“关键个人”变量的新多源流模型解释	有	关键决策主体对“机会之窗”的开启作用
QJ005	我国幼儿体育教育政策的多源流分析：政策之窗的开启与推动	无	无
QJ006	中国林业政策从“经济优先”向“生态优先”变迁——基于多源流框架的分析	有	政策目标的转换；政策源流中政策试点对备选方案的丰富
QJ007	理论验证与适用场域：多源流框架的理论分析——基于 14 个案例的检验分析	有	决策主体的意识形态；关键主体的高位推动
QJ008	中国易地扶贫搬迁政策议程设置过程——基于多源流理论分析	无	无
QJ009	乡村振兴战略政策形成的影响要素及其耦合逻辑——基于多源流理论分析	无	无

续　表

情景知识编码	情景知识题名	有无框架外突出因素	框架外突出因素
QJ010	我国住房限购政策变迁研究——基于对多源流理论修正的视角	无	无
QJ011	媒介融合背景下的政策变迁及其多源流分析——以“独生子女”到“全面二孩”的政策变迁为例	无	无
QJ012	模糊性条件下政策过程决策模型如何更好地解释中国经验？——基于“源流要素+中介变量”检验的多源流模型优化研究	无	无
QJ013	网络舆情推动下的网约车规制政策变迁逻辑——基于多源流理论的案例分析	无	无
QJ014	我国大气污染防治政策变迁的动力分析——兼评多源流理论及其修正	有	政治流的主导作用
QJ015	企业如何推开基层治理中的“政策之窗”？——多源流理论的地方实践及其政治逻辑	无	无
QJ016	要素嵌入思维下多源流决策模型的初步修正——基于“网络约车服务改革”个案设计与检验	无	无
QJ017	“多源流理论”视阈下网络社会政策议程设置现代化——以出租车改革为例	有	以新媒体为代表的网络嵌入对多源流的影响
QJ018	政治流为中心的层次性多源流框架及应用研究——以上海自贸区设立过程为例	有	国家战略需要
QJ019	政策终结的多源流分析——基于收容遣送制度的经验研究	无	无
QJ020	农业转移人口市民化政策转型的多源流分析：构成、耦合及建议	无	无

续 表

情景知识编码	情景知识题名	有无框架外突出因素	框架外突出因素
QJ021	《校车安全条例（草案）》的政策议程分析——基于多源流模型的视角	无	无
QJ022	改革开放以来我国住房政策变迁的动力分析——以多源流理论为视角	有	方案可行性增强与正面效果的积累
QJ023	食品免检制度终结分析——基于多源流理论的分析视角	无	无
QJ024	“多源流框架”对中国政策过程的解释力——以江浙跨行政区水污染防治合作的政策过程为例	有	三源流的实践呈现存在先后顺序

（1）QJ004 情景知识案例通过对医药整治政策变迁的案例发现，在中国治理场域中存在关键决策主体与“机会之窗”开启的耦合机理。

（2）QJ006 情景知识案例通过对林业政策在政策理念排序上的政策变迁转换案例分析发现，政策源流中的政策目标转换与政策试点工具的嵌入是特定政策变迁的特别动因。

（3）QJ007 情景知识案例通过对住房市场化改革政策变迁等 14 个案例的分析发现，在多源流框架中存在决策主体意识形态与关键决策主体影响力的高位推动等两个框架外异常因素。其中，决策主体意识形态影响政策变迁过程中逻辑的选择；关键决策主体影响力的高位推动对政策变迁中政策变迁窗口的开启具有决定性作用。

（4）QJ014 情景知识案例通过对大气污染防治政策修改与完善的政策变迁分析发现，在多源流框架中各个源流对政策变迁的影响具有差异性，其中政治流对问题建构、参与主体的影响是政策变迁的主导性变量。

（5）QJ017 情景知识案例通过网络技术嵌入下出租车改革议程设置变化的政策变迁案例发现，在多源流理论视阈下，网络技术嵌入使得政策议程设置的逻辑、表征、体系都发生了变化：新媒体成为问题流的新触发工具，虚拟社会的话语权博弈成为政策流的新博弈形式，网络民意成为影响政治流的新要素。以上这些都标志着网络技术的嵌入为多源流汇流开启“政策之窗”注入了现代化因素。

（6）QJ018 情景知识案例基于上海自贸区设立过程的政策变迁分析发现，国家战略需要与政策企业家的倡议容易形成政策变迁的驱动力量。

（7）QJ022 情景知识案例通过对改革开放以来我国住房政策变迁的驱动因素的分解构建了政策变迁的动力解释框架，发现方案可行性的增强与政策正面效果的积累可以纳入多源流政策变迁框架，成为更加细分的政策框架解释变量。

（8）QJ024 情景知识案例通过跨省界的区域合作水污染治理的政策变迁案例验证了“多源流框架”在中国治理场域中具有一定的适用性，同时也发现多源流的实践呈现具有一定的先后顺序。

三、基于多源流理论框架的因果关系识别

综合以上多源流理论框架的基础性理论解释及情景知识样本的分析发现，政策变迁“黑箱”实际是由议题议程进入政策议程的过程。议题议程包含议题重要性与问题紧迫性，两者是吸引决策主体注意力资源倾向性分配的重要因素。政策议程是决策主体注意力资源分配的过程，同时也是政策变迁中的核心过程。决策主体的认知过滤机制是链接议题议程与政策议程的重要中介环节。当特定议题的重要性或问题严重性能够穿透决策主体的认知过滤机制时，决策主体注意力资源分配便倾向性分配给特定议题，标志着由议题议程进入政策议程的实现。

（一）议题议程：议题重要性与问题紧迫性的排序

议题议程中存有各式各样的问题，这些问题产生于实践中诸种政策领域。议题议程类似贮藏器，暂时性地存储着等待进入政策议程的多个问题。议题或问题在“议题黑箱”中总是在政策企业家、舆论等的承载下处于碰撞与运动的无序中，以寻求与策略、机会的匹配。

每个议题议程有议题重要性、问题严重性与决策主体偏好三个重要属性。议题议程想要进入政策议程，从而获得决策主体注意力的倾向性匹配，必须具备问题触发与偏好驱动两个充分条件。在问题触发条件中，议题重要性与问题严重性是获得决策主体有限的注意力资源倾向性分配的两个重要因素。但是也应看到不同议题对于不同政策子系统在特定时间的议题重要性与问题紧迫性具有客观给定的不同，这很大程度上取决于不同政策子系统决策主体内部的权威判断。

在偏好驱动条件中，议题或问题是否在决策主体偏好范围内是其获得决策主体注意力资源倾向性分配的重要因素。由于注意力资源的稀缺性，进入政策议程的议题会在问题严重性与议题重要性之间权衡并给出优先序的排列。并且偏好驱动受问题严重性与议题重要性变化的影响，决策主体会适时调整对议题优先序的改变，即可能提高或降低特定议题的优先序。

（二）认知过滤：议题议程与政策议程的中介环节

将决策主体的认知过滤因素融入政策变迁框架建构是十分必要的。决策主体的认知过滤通过进入框架设置等方式选择由议题议程进入政策议程的问题或议题。所以认知过滤对问题、议题的选择实际是影响到决策主体的注意力资源分配乃至政策产出的中介变量。

作为议题议程与政策议程中介环节的认知过滤主要通过以下路径发挥作用：①决策主体的认知过滤通过框架建构方式来推进政策产出。决策主体的认知过滤在决策中以结构化模式优先选择已经模式化的程序或策略，以使决策过程充满可预见性从而减少不确定性。决策主体定义问题的方式与对问题、议题中的利益偏好影响政策议程的启动、问题与方案的匹配过程。总而言之，决策主体的认知过滤结构化产生了特定偏好与选择，从而影响了政策变迁的特定方面。②决策主体的认知过滤以合适性审查的选择逻辑策略性过滤、行动战略和政策内容，形成了促进或抑制政策变迁的机制和条件。③决策主体的认知过滤还是一种应激反应，即指标变化、焦点事件与常态化秩序发生偏离的时候便会引起决策主体对问题、议题重要性以及风险的关注，从而使得其注意力资源分配至特定问题。

（三）政策议程：注意力资源的倾向性分配

决策主体对由议题议程进入政策议程的问题或议题如何选择，以及怎样在问题或议题上分配注意力资源，实际就是注意力资源的倾向性分配问题。

政策议程是将议题输入转换为政策产出的组织场域，实际就是选择与运用分散在整个组织环境中的那些与注意力倾向性分配有关的组织资源、财政资源、政策工具的过程，即政策议程通过程序渠道对注意力结构、政策工具等要素的调整，将问题、议题与组织场域中的资源链接，从而以政策产出的形式介入问题、议题以达成对外部情景的目标性改善。政策议程整合情景中分散知识形成排序的治理目标体系的整体知识，并据以产出政策设计以完成问题解决或议题实现的目标。政策议程的主要产出是根据知识设计，运用多种政策工具，动员多元主体进行有效治理的政策输出，这种政策输出包括：将多元主体、政策工具、政策客体聚焦目标场域，并通过持续的考核与奖惩，从而实现目标设计的目标分解机制；综合应用科层机制、市场机制、网络机制等配置资源的激励机制；动员多元主体通过目标激励、氛围构建推进目标实现的治理机制。

政策议程中政策输出的基础与核心是注意力资源的倾向性分配。注意力资源分配是决策主体对特定刺激信息进行选择性过滤的行为和认知的过程，既然是选择性过滤就意味着信息在注意力资源分配过程中具有“滤波器”作用，过滤掉对决策意义不大的信息，遵照“效率”原则以使信息在加工限度之内发挥最大效用。基于以上分析，注意力作为资源必然具有稀缺性，而要在稀缺约束下求得最大效用就必须对注意力资源的分配进行优化，即选择性运用有限注意力资源对不同刺激做出不同反应。政策议程由于处于政策产出的核心位置，使得其注意力分配过程面临更多更加丰富的信息，呈现信息过密化的态势。在信息过密化和注意力稀缺的约束条件下，政策议程是分配注意力资源和选择信息的过程。注意力资源的倾向性分配的转变影响政策变迁：决策主体对特定问题或议题的注意力资源倾向性分配的转变，不仅意味着财政资源与组织资源的倾向性分配，还会开启政策变迁进程。

第五章　间断—平衡框架下的政策变迁因果机制元分析

一、类型化分组的依据：间断—平衡理论框架的基本理论

弗兰克·鲍姆加特纳和布赖恩·琼斯于20世纪90年代在生物进化论的启发下形成与发展了间断—平衡理论，该理论框架致力于解释政策变迁所呈现形态的形成逻辑：政策变迁是间断逻辑和渐进主义逻辑的过程。该理论框架的优势在于，将政策变迁的稳定与变迁的两种形态置于拓展的议程设置理论框架中来考察作为理论起点，以政策变迁中决策者政策图景变化如何引致议程设置、问题界定的一系列变化为核心机制来解释政策稳定和变迁。

（一）研究对象：政策变迁中的间断与平衡

间断—平衡理论框架认为政策变迁源自决策过程中并行议程和串行议程的切换，从而使得议程设置中的注意力资源分配在动议压力和资源限制之间实现长期多种互动。这种理论框架认为政策变迁中的间断与稳定是两个因素作用的结果。首先，政策变迁发生于以注意力等资源的有限性所框定的政策情景内；其次，间断的政策平衡理论是部分地基于一种“由外而内”的过程，在这个过程中政策变迁受外在问题的压力影响可以扩展到其他的整个政策系统之中。这两种因素具体呈现以下特征。

1. 议程设置是驱动政策变迁的重要变量

面对问题传导压力，决策者的政策制定具有并行议程和串行议程的切换。限于决策体系注意力资源的有限性，决策体系不能同时处理所有进入议题议程的问题，于是政策议程在长期与议题议程的互动中形成了并行处理问题与逐一处理问题两种议程设置模式。串行问题处理议程是对环境变化进行互动性调适，在不改变政策整体走向的基础上以价值分配的局部性改善而形成渐进性变迁。而并行议程设置的启动通常是因为新情况的出现改变了问题界定并受到决策者高度重视，使得决策者在常规的串行议程中不得不另外开启并行的政策议程加以应对，当一个问题被提到较高层次的政策议程的时候，其在政策变迁形态上表现为跃迁状态。

2. 政策图景在议题议程进入政策议程的变迁与稳定上发挥关键作用

政策图景是一种可以被界定的观念结构，是决策者经验信息和价值判断的混合物，其以特定的观念影响政策的问题界定、议程设置与方案选择。

当政策图景保持稳定态时，政策变迁呈现渐进方式。当政策间断变迁的压力出现的时候，渐进变迁的惯性可以在一段时间内与间断保持对抗。但是如果问题传导压力超过政策保持稳定的阈值后，政策图景就会发生实质性变化，从而使得问题被重新定义，问题场域内所嵌入的规则被重新构建，间断式政策变迁将重启。

3. 制度结构是间断与平衡的政策变迁的另外一个重要变量

其变量作用主要体现在以下两点：第一，政策变迁的间断与稳定两种状态都是在一定制度结构下进行的，制度结构的不同影响政策变迁间断与稳定的持续时间与变迁难易，即不同的决策内容与形式在政策变迁的传递中会发生不同的形变；第二，稳定和间断是政策变迁的特点。制度结构具有固化的稳定性，具有抵消政策试图变迁的惯性。因此，只有政策变迁的推动力能够打破制度结构惯性的推理时，政策稳定才能被突发的政策变化所打破。

（二）间断—平衡理论框架的机制：有限理性基础和注意力转移原理

政策变迁的“爆发”和政策变迁的间断来源于决策场域内政策图景的改变，使得注意力资源分配呈现倾斜性改变，进而使得议题议程将问题提到政策议程中的可能性增加，影响政策稳定。

议题议程的变化来源于注意力的转移，由于注意力资源的有限性决定其只能连续关注小范围内的对象，决策者考虑问题的维度与角度具有有限性，因此决策者倾向于选择串行议程处理信息。这就意味着面对现实的复杂性、变化性和多样性，决策者很少能将相对立的维度统筹起来，而是将注意力资源倾向性分配于情景中的特定场域，而注意力资源分配与政策偏好转移的时滞使得政策变迁呈现连续的渐进变化。决策者通常并行处理信息，通过议题议程与政策议程的间断与稳定来应对情景的复杂性与多变性，从而使得政策变迁呈现以下情况，即政策变迁中注意力资源配置的转换，实际呈现为将不同的决策设计与新的选择条件或新政策属性结合到政策结构当中，从而使得政策呈现与之不同的状态。

二、类型化分组后的分析：多情景知识汇总与分析

（一）汇总政策变迁相关知识样本

由于整合的政策变迁知识样本将构成间断—平衡理论框架的基本研究焦点，因此用于后续步骤分析的知识样本选择与整合需要投入更多的关注。本章试图揭示间断—平衡理论框架驱动政策变迁的影响因素，因此整合的知识样本选择方法包含两个步骤。

首先，初步确定知识样本。这些知识样本从不同角度验证了多样化特定政策变迁场域中的理论框架的适用性。

其次，通过所整合的知识样本的明确标准筛选，确定具有“间断—平衡框架”等关键字的论文作为研究整合的知识样本。

对间断—平衡理论框架中的知识样本进行结构化与数据挖掘，获得对治理场域中政策变迁理论元素、理论逻辑等关系的理解，进而生产能够洞见问题的知识产品。研究检索时间跨度为2000年1月至2020年3月。根据前一步骤确定的政策变迁理论框架标准，共获得符合标准的“间断—平衡理论框架”有关文献25篇。

（二）知识样本的情景知识提取与分析

对间断—平衡理论框架的知识样本进行分析并研究其影响因素，并从政策变迁的样态变化、驱动因素、主体分析等获取理论元素与理论逻辑。其优势在于：首先，从多维度审视不同政策变迁对间断—平衡理论框架中理论元素的强调偏向能有效避免理论建构中的因素偏离；其次，

其建构了一种正确的框架构建思路，即不同理论框架在其适用的场域中具备不同理论优势；最后，通过比较审视发现支撑未来理论建构的理论逻辑与理论元素等基础构件。

在基于元分析方法的政策变迁中层理论框架建构中，需要采用逐步递进的方法来分析导致政策变迁的因素，即依次分析在特定情景知识下间断—平衡理论框架所注重的政策变迁的驱动因素。比如，间断—平衡理论框架所强调的政策变迁中议题议程与政策议程中的注意力偏好转移因素。

按照模式化编码方式，对所获取文献进行编码。样本名称编码采用具有分组特征的理论框架名称缩写加数字名称的形式，对间断—平衡理论框架下知识样本的分析采用样本名称、有无框架外突出因素、框架外突出因素名称的三段式编码结构。

（三）值得特别关注的突出要素

在前述研究方法的指导下，从多维度审视已整合的知识样本来寻找因果关系的线索，并且将识别的高度拔高为政策变迁深层的情景知识与潜在因果关系与类型化组态因果关系之间关系的确认和理解上，结论如表 5-1 所示。

表 5-1　间断—平衡理论框架下情景知识案例集合

情景知识编码	情景知识题名	有无框架外突出因素	框架外突出因素
QJ001	公共政策变迁“间断—平衡”模型的修正及应用——兼论新中国科研政策变迁的渐进与突变规律	无	无
QJ002	“间断—平衡框架”对中国政策过程的解释力研究——以 1949 年以来户籍政策变迁为例	无	无

续　表

情景知识编码	情景知识题名	有无框架外突出因素	框架外突出因素
QJ003	“间断—平衡”框架及在我国政策分析中的适用性：基于政策范式	有	政策目标选择与政策工具设置的变化
QJ004	论我国公平竞争审查制度的完善——基于“间断—平衡”理论	无	无
QJ005	我国民办教育产权政策的稳定和变迁——基于“间断—平衡”理论的分析	无	无
QJ006	公共政策“间断—平衡”模型的重构与应用——以我国扶贫政策为例	有	重大政治承诺时间节点压力；高位政治势能的压力传导
QJ007	“间断—平衡”理论视角下 70 年中国少数民族教育政策变迁分析	无	无
QJ008	我国高校自主招生政策的演进及动力机制——基于“间断—平衡”分析框架	无	无
QJ009	京津冀区域治理政策变迁的非线性逻辑——基于“间断—平衡”的分析框架	无	无
QJ010	我国改革开放 40 年的耕地保护政策演进分析——基于“间断—平衡”框架	无	无
QJ011	我国救灾捐赠的政策变迁及其内在逻辑——基于“间断—平衡”的框架分析	无	无
QJ012	新中国成立以来卫生防疫政策变迁审视——基于“间断—平衡”理论视角	有	高位政治势能与焦点事件诱致的“推拉作用”
QJ013	“间断—平衡”理论与农村环境治理政策演进逻辑——基于政策文本的分析	无	无
QJ014	“间断—平衡”理论视域下我国环保政策变迁研究——基于改革开放以来的政策文本分析	有	政策工具与政策内容的创新性嵌入

续 表

情景知识编码	情景知识题名	有无框架外突出因素	框架外突出因素
QJ015	公共政策变迁的“间断—平衡”与范式转换——基于1978—2018年上海科技创新政策的实证研究	有	目标与理念的变迁对政策变迁具有更强解释力
QJ016	中国房地产宏观调控政策变迁研究——基于“间断—平衡”模型的解释	有	政策形象、政策议定场所是重要的政策变迁中介变量
QJ017	央地关系视角下的土地增减挂钩政策变迁——基于“间断—平衡”理论的考察	有	政策子系统的博弈
QJ018	“间断—平衡”理论视角下媒体注意力与议程设置的因果关系——基于我国教育议程设置变迁的检验	无	无
QJ019	网络舆情下“间断—平衡”模型如何更好解释中国的政策变迁？——基于30个舆情案例的清晰集定性比较分析	无	无
QJ020	“间断—平衡”视角下的政社关系变迁：基于1950—2017年我国社会组织政策考察	无	无
QJ021	新媒体环境下网络舆情对政策间断式变迁的影响研究——基于“间断—平衡”理论视角与案例分析	有	新媒体技术嵌入改变焦点事件进程与政策场域力量对比
QJ022	新中国成立以来社会救助政策变迁研究——基于“间断—平衡”理论的解释	有	包含政策目标、政策工具与政策设置的范式转换可作为变迁表征
QJ023	中国计划生育政策变迁研究（1956—2015）——基于“间断—平衡”模型的视角	有	决策主题的理念变迁对政策图景的塑造作用

续　表

情景知识编码	情景知识题名	有无框架外突出因素	框架外突出因素
QJ024	中国高等教育扩张与政策范式转移——“间断—平衡”的视角	无	无
QJ025	环保支出决策：渐进还是“间断—平衡”——基于中国省级面板数据的分析	无	无

（1）QJ003 情景知识案例通过新中国成立以来的计划生育政策调整与变迁的历程分析，发现政策总体目标变化、政策工具设置的变化是推动政策变迁的重要变量。

（2）QJ006 情景知识案例通过分析 1999 年—2015 年的我国扶贫政策变迁过程发现，高位推动的压力传导与重大政治承诺的时间节点压力传导在政策变迁过程中的重要作用。

（3）QJ012 情景知识案例通过审视新中国成立以来的卫生防疫政策的间断期与均衡期交替历程发现，高位推动与焦点事件诱致可看作特定政策变迁的基础变量。

（4）QJ014 情景知识案例借助文本分析方法分析了环保政策的变迁规律，发现在“间断—平衡”理论框架中加入政策工具与政策内容的创新性嵌入要素能够更有效地解释政策变迁逻辑。

（5）QJ015 情景知识案例通过展现与分析改革开放后上海科技创新政策的变迁过程与机制，发现目标与理念的变迁对政策变迁的解释力更具有有效性。

（6）QJ016 情景知识案例通过分析房地产市场化改革后的房地产调控政策，发现焦点事件、注意力转移与理念变迁通过政策形象与政策议定场所的中介变量作用驱动政策变迁。

（7）QJ017 情景知识案例通过嵌入“政策场域”概念考察土地增减

挂钩政策的变迁历程发现，政策子系统博弈在政策变迁中有时也是重要的作用变量。

（8）QJ021 情景知识案例通过分析新媒体技术嵌入对政策变迁案例的影响发现，新媒体技术嵌入会显著改变焦点事件进程与政策场域力量对比，从而推进政策变迁。

（9）QJ022 情景知识案例通过分析社会救助政策“间断期”与“平衡期”的数次转换发现，包含政策目标、政策工具与政策议程的范式转换可作为政策变迁的表征。

（10）QJ023 情景知识案例通过分析中国计划生育政策从自愿节育到彻底放开二胎的多次重大政策变迁发现，决策主体的政策理念的变迁对政策图景的变迁具有主导性塑造作用。

三、基于间断—平衡框架理论框架的因果关系识别

从以上分析可以看出，间断—平衡理论框架的理论内核认为，政策变迁具有政策稳定和政策跃迁两种形态，这种对政策变迁形态的描述，为理解政策变迁提供了一个新的视角。而面对政策变迁的复杂性、多样性和动态性，即使使用同一种理论框架也会产生不同的理论侧重。而对前述间断—平衡理论框架下多样化政策变迁案例中政策变迁形态呈现的分析为理解政策变迁演化的非线性变化提供了理论逻辑与理论元素。通过综合分析，本章将主要理论逻辑、不成比例信息处理模型、高位推动作为值得特别关注的理论元素。

（一）间断—平衡理论框架的主要理论逻辑

对间断—平衡模型进行理论扩展发现，未来值得特别关注的理论元素包括意外事件的爆发、政策图景决策者注意力资源的分配变化和决策者理念排序的改变。这其中，政策图景是政策变迁的核心环节，而意外事件爆发、决策者注意力资源的分配和决策者理念排序的变化与政策图景的互动调整是政策变迁的三组基础机制。

1. 政策图景变化是政策变迁的前提

政策图景构成如何进行问题界定、如何选择备选方案的“观念结构”，即决策者如何理解所面临的议题议程和政策过程。政策图景包含两个构成要素：事实性结构和价值性结构。事实性结构以概括性和符号性词汇抽象了政策过程。价值性结构以一定的标准来判断政策内容、政策过程哪些具有价值及理念排序等。

2. 意外事件爆发与政策图景的互动

在间断—平衡模型中，意外事件的爆发将引起政策原有均衡中政策议定层次的变化，从而成为政策变迁的关键节点。这种政策议定层次的变化主要存在两种路径：一是意外事件的爆发启动政策议程设置，打破政策议程设置中原有的问题议程处理程序，使得决策者注意力资源分配出现变化，从而触发政策的间断性变迁；二是意外事件爆发在由议题议程进入政策议程或在科层等级组织架构的传播过程中由于对所承载信息的多次解读将会形成新的问题界定，从而使得政策图景发生间断性变化，引起政策变迁。

3. 决策者注意力资源的分配与政策图景的互动

由于政策制定建立在决策者注意力有限资源如何分配的基础上，因此注意力资源分配指向的变化是影响政策变迁的重要变量，即决策者注意力资源分配的转向是实现政策间断的充分条件。只有由于经济社会转型、指标数据的巨变等问题性质的变化使得决策者关注到某一类问题并且倾向于将注意力资源予以投入的时候才能推动议题议程进入政策议程，从而使政策变迁成为一种可能。

4. 决策者理念排序的改变会形成政策变迁中诸多因素的过滤机制

决策者的理念排序主要包括决策者特定价值的优先性、理念排序的稳固性与理念排序的可传导性。其中决策者特定价值的优先性是指决策者在政策过程中将何种价值置于政策目标的优先位次，这将决定政策作为价值权威性分配的侧重、议题议程能否进入政策议程等；理念排序的稳固性是指在政策情景变化以后，决策者宏观层面的理念排序必然有所反应，而反应的方向与程度取决于决策者对特定价值追求的坚持；理念排序的可传导性是指价值的优先性能够在政策体系中自上而下传导，并影响从决策到执行的问题界定、议程设置、方案选择等。

（二）不成比例信息处理：间断—平衡理论的重要模型

基于多知识样本的分析可以发现，无论是议题议程还是政策议程都将议程变迁作为政策变迁的核心变量，而在议程变迁中的注意力资源分配针对不同议题进行的操作模式的切换更构成了间断—平衡理论的关键机制，可称作“不成比例信息处理”模型。“不成比例信息处理”模型是对决策过程中注意力资源分配机制的描述。在这其中，对信息的优先性排序与注意力资源分配的倾向性是“不成比例信息处理”模型的两个核心构成要素。

政策过程中的“不成比例信息处理”，将解决涉及决策者认知过程如何影响政策变迁这一中心理论议题：决策者的认知能力如何与政策活动和政策绩效等宏观现象建立联系？不成比例信息处理贯穿于解决方案搜索、问题界定、问题与方案匹配的规则认知等过程，使得政策过程的选择按照有限理性模式进行，而且会影响对问题理解的问题空间、搜寻和选择方案的解决方案空间。

不成比例信息处理机制关注政策变迁过程中决策体系与外部政治经济事件的互动。这种互动包括不成比例信息处理对议题事件的反应、内部政策议程的不成比例信息处理。

1.不成比例信息处理对议题事件的反应

不成比例信息处理对议题事件的反应主要包括从经验事实转化为指标的过程和整合不同指标进行解读的过程。这些变化将决定政策过程的诸多方面，比如指标的异常变化是问题流显现的重要因素，并成为启动

“政策之窗”的重要引信；指标的变化会打破原有政策议程的惯性形成新的政策议程秩序。

2. 内部政策议程的不成比例信息处理

内部政策议程的不成比例信息处理影响政策变迁，这是因为惯性的政策过程中一般遵循常规的操作程序，很少比例的注意力资源会分配到这种常规的过程。只有当议题事件的指标变化或问题突发将议题议程推入政策议程的时候，决策者的不成比例信息处理程序才能启动，并采取政策学习或序列信息转换的方式应对。其中政策学习是决策者学习其他决策主体的策略选择，并据以对问题界定与方案选择重新进行操作。序列信息程序变换是决策者切换问题界定或问题侧重，使得对议题的注意力由一种议题转向另外一种议题或在议题的不同维度进行切换，从而从局部推动政策变迁。

（三）政策变迁中高位推动对政策变迁的推动作用

基于对政策变迁的案例分析研究发现，决策者在决策体系的不同位阶具有对政策变迁的不同强弱的“高位推动”。政策过程中的多元主体能够识别出政策背后所具有的“高位推动”，并根据政策所蕴含的势能高低在政策变迁中进行相应的策略调整，即由“高位推动”诱发政策参与多元主体对政策变迁的回应。

“高位推动”源于科层等级的组织架构设计的位阶赋权，并借助组织架构由上而下传递承载决策信息的信号。主要包括：“高位推动”是一种“决策者在场”，其将决策凝结为可在组织架构中传递的信号，从而调动整体组织架构进行政策执行以实现预设目标；“高位推动”是“构建任务组织”，其将政策议程的结果推入执行进程，为政策的执行赋予组织架构与资源匹配，并释放整个组织的注意力资源倾向性分配信号，以推动特定议题的任务分工与功能整合的运行；“高位推动”是“推动执行”，当特定的“高位推动”信号嵌入政策变迁时，会诱发或催化政策变迁，触发执行者行为自觉、调动其积极性。由于高位推动带来激励机制的变化，且政策目标与政策主体的多元、多维互动与博弈，从而使得政策变迁进程速率根据“情势”而不断处在变动之中；“高位推动”通过发文单位、正式文件等主导元素将特定的政治话语和政治理念在政策文本显示出来，执行者通过对这些元素的分析来感知决策者意志表达，进而通过资源匹配或利益驱动催化他们政策执行的力度和强度。即高位推动并不仅是程序性过程，还是将资源匹配与高位推动嵌入与延展到政策变迁过程中，从而调动注意力资源分配，吸纳分散的资源进入特定的政策执行通道。

第六章　倡议联盟框架理论的政策变迁因果机制元分析

一、类型化分组的依据：倡议联盟理论框架的基本理论

倡议联盟框架最早由萨巴蒂尔提出。该理论框架将政策科学研究自上而下和自下而上两种路径的整合作为理论创新突破口，旨在寻找弥补阶段启发法不足的理论发展。受这种理论开发的不懈热情与努力的驱动，倡议联盟框架创新性地将政策理念引入政策变迁研究作为基础变量。该框架在加拿大等一百多个国家和地区多种政策场域的适用性检验有效证明了其解释力。

（一）倡议联盟框架的前提假设

在整合政策变迁已有文献与理论框架的基础上，倡议联盟框架建构了三个基本假设。

1. 政策变迁理论将政策理念作为政策变迁的基础变量

政策理念的基础变量作用主要体现在问题界定、目标重要性排序与方案选择的判断上。

2. 应用倡议联盟框架进行政策变迁分析的时间轴限定在10年或更长的时间

这种对时间轴的限定主要是基于以下方面考虑：首先，决策者政策理念的变迁需要在10年甚至以上的政策循环中才能呈现，并对不同策略价值与目标问题界定产生影响，引致新一轮的政策循环。其次，社会经济的变革、政策子系统的相互影响等情景变化是政策变迁的重要先决条件，而这些变化需要在一个较长的时间段才能被观察到。

3. 倡议联盟框架将政策变迁的分析单位聚焦于政策子系统层面

政策子系统可以界定为围绕在议题议程与政策议程周围进行价值分配博弈的主体。实际上，任何一个子系统都是包含重要性排序选择，并被各种复杂性因素影响的多元主体集合。这些多元主体包括：媒体在政策变迁中理念传播、焦点事件发酵等方面起着重要的作用；政策执行者

自由裁量权的行使使得政策内容多样化从而影响政策效果；政策企业家以自身影响影响政策变迁。

（二）倡议联盟框架的主要观点

倡议联盟框架建构了以三大理论线索为基础支撑的理论框架。其中，第一条理论线索聚焦联盟为什么会形成，并着力探究影响倡议联盟结构及其稳定性的因素有哪些，如网络关联的形成、信念的影响力及网络间的资源依赖结构。第二条理论线索聚焦政策学习，即在政策变迁中政策学习的作用处于什么样的变量层次，政策学习机制是怎样的。第三条理论线索集中于情景变化或联盟结构变化所引致的政策变迁，通过追溯从冲击性事件到政策变迁回应的演变过程来探讨政策变迁因果机制，即展现倡议联盟如何博弈来应对外部情景变化。

在三条理论线索框定基础上，倡议联盟框架将分析单位界定于具有共同政策理念并以一定结构化组织建构的个体集合。在分析单位确定的基础上，倡议联盟框架将具有不同理念的政策子系统对问题界定、方案选择的博弈作为阐释政策变迁生成的核心逻辑，并将政策变迁的驱动因素分解为政策信念的差异、情景变化、联盟博弈与政策学习等具体的解释变量。

1.政策信念的差异：倡议联盟的构成与稳定

在倡议联盟理论框架中，政策信念差异是影响倡议联盟构成与稳定的核心要件，是解释政策变迁的核心理论逻辑。倡议联盟的政策理念系统呈现等级性的结构体系，分为深层核心理念、政策核心理念和次要方面理念。①深层核心理念根植于决策主体所处的社会结构与制度本源，强调理念排序优先性和社会理念影响，深刻影响决策主体思维模式。深层核心理念是极其稳固的，但并非僵化不变，需要长时间政策学习才能发生渐进性的累积变化。②政策核心理念是深层核心理念在政策过程的具体呈现，贯穿政策子系统在议题议程与政策议程变迁中的逻辑认知及策略选择，包括价值偏好、问题界定、政策工具选择等。③次要方面理念是指在深层核心理念与政策核心理念融合下对具体议题议程与政策议程所作的倾向性选择，主要包括问题的重要性排序或者具体情景下不同因素注意力资源分配的差异，如在某一政策问题界定中特定因素的注意力资源的倾向性分配或对微观问题严重程度能否开启政策议程的判断。

2. 情景变化：驱动政策变迁的外在动力

倡议联盟框架将外部情景变化作为政策变迁发生的充分条件，并认为只有发生较为激烈的情景变化，如突发性事件或社会经济变迁等政策变迁，才有可能发生重大的、范式性演进。这一传导过程的完整链条包括情景变化—感知过滤—政策变迁。情景变化具有复杂性、模糊性、不确定性的演进特征，为后续的感知过滤与政策变迁提供了操作空间。感知过滤是决策主体对情景变化的认知置于自身政策理念体系下，所得出的认识是经由自身政策理念体系“过滤”后的结果。可见，情景变化在触动决策主体的认知后将引起政策变迁，而这种政策变迁呈现为决策主体注意力资源分配或权威性政治资源注入的变化。

3. 联盟博弈：集体行动的达成与持续

倡议联盟框架主要是通过政策场域共在、目标排序链接、资源依赖实现集体行动达成。这些因素影响政策行动者间合作、冲突或接触的关系定位。政策子系统会在不同的时段根据以上因素的变化适时调整自身，包括行为选择与工具选择的策略选择以实现其政策目标。具体来讲，政策子系统在感知外界情景变化对其政策目标所产生的影响以及自身策略选择对探索过程和外部情景的适应情况的信息基础上，会进行策略选择以回应外部情景变化，而这种策略选择会成为影响政策变迁演进的重要因素。

（1）政策场域共在。倡议联盟框架集体行动的生发首先就是将不同的倡议联盟置于同一政策场域中。政策场域是由于倡议联盟利益或价值博弈而形成的客观限定的位置关系。从这个定义可以看出，政策场域不仅仅是位置的限定，更强调链接形成的基础。这种链接基础能够通过多元主体的策略博弈和价值争夺生发共在的政策场域。

（2）以目标排序链接的群体构建。政策目标排序的博弈是倡议联盟进入共在政策场域的动力基础。在这个过程中，倡议联盟通过政策目标的排序博弈展现与再生产了自己。主要表现为倡议联盟的成员通过比较加入与不加入群体的机会成本形成倡议联盟持续的动力，因为这种是否加入倡议联盟的增量利益比较能够赋予群体集体行动力量以放大个人的政策倡议力度。

（3）以资源依赖进行网络整合。倡议联盟框架认为在政策变迁中多个政策子系统存在合作与斗争的博弈关系。这种博弈关系除取决于目标排序链接以外，一个更重要的因素就是资源依赖关系。政策利益接近程度与资源依赖关系影响政策子系统的合作、冲突或达成合作的可能。因此，政策联盟中政策行动者之间的关系可以根据资源依赖关系分为：潜在的合作者、互惠的合作者和实际合作者。其中，潜在的合作者意味着存在达成集体行动的可能，即其具有通过资源依赖关系进行网络整合发展成为实际合作者。互惠的合作者存在长期形成双方利益增进的资源依赖关系，因而经常性地采取集体行动。实际合作者是在集体行动中因政策利益的一致性而实现了实际的合作，并且只有当足以达成集体行动的政策目标发生较大变化时才驱动实际合作发生变化。

4. 政策学习：驱动政策变迁的核心变量

倡议联盟框架与其他理论框架的“冲击—回应”的政策变迁范式不同的是，其将政策学习引入政策变迁驱动因素并作为主要核心变量。政策学习是决策主体从成功案例集中进行知识整合并迁移应用以简化寻找解决方案的过程。其在理论建构上关注到决策主体在长期的决策过程中由内生经验与外生经验总结引致的认知图式的变化，从而丰富了治理技术与治理工具的智慧度与成熟度。这种智慧度与成熟度包括但不限于：对问题界定及其参数变化的观察、对政策有效性的改善性设计、建立目标导向下备选政策的筛选机制。倡议联盟框架中的政策学习既有内生性的经验总结也有外生性的经验总结：内生性学习主要表现为联盟内部以政策试点等工具嵌入进行经验积累的政策学习，外生性学习则表现为跨政策子系统由外及内的问题感知、工具运用的政策知识传播。值得注意的是，政策学习也受到本联盟核心理念的制约，对政策学习的结果进行“感知过滤”。

二、类型化分组后的分析：多情景知识汇总与分析

（一）汇总倡议联盟理论框架相关知识样本

由于整合的倡议联盟理论框架知识样本将构成基本研究焦点，因此，对于用于后续步骤分析的知识样本选择与整合，相比于其他研究方法对知识样本的处理需要投入更多的关注。

本章试图对倡议联盟理论框架进行元分析，因此对知识样本的整合包含两个步骤。

首先，参考政策变迁研究经典分类，选定“倡议联盟框架”作为分析切入域，在研究方法上基于“倡议联盟框架”搜集不同视角揭示政策变迁因果机制案例，并且通过在多样化特定政策变迁场域中的应用建构情景知识案例分析集。

其次，通过对其研究整合的知识样本的明确定义，基于中国知网选择具有“倡议联盟框架”等关键字的论文作为研究整合的知识样本。

在对中国知网政策变迁相关整合的知识样本分析进行分类并作为样本使用元分析方法进行分析，即将具有逻辑合理性的元分析方法内嵌于政策变迁整合的知识样本中，并以所选择整合的知识样本的集合生产具有涵盖理论元素与理论逻辑的特定理论。众所周知，不同理论视角对理论阐释的信度和效度均有影响，因此对同一整合的知识样本采用不同理论视角进行理论阐释或基于同一类型理论的不同视角抽取理论元素有利于减小测量误差。基于这样的研究设计，研究检索时间跨度为 2000 年 1

月至2020年3月。根据前一步骤确定的政策变迁理论框架标准，共获得符合研究设计的文献21篇。

（二）知识样本的情景知识提取与分析

按照模式化编码方式，对所获取文献进行编码。样本名称编码采用具有分组特征的“情景”汉语拼音首字母加数字名称的形式（为便于检索，在文中以索引表形式呈现题目与编码的对应关系），对倡议联盟框架下知识样本的分析采用样本名称、有无框架外突出因素、框架外突出因素名称的三段式编码结构。

在“倡议联盟框架”等类型化分组分析的基础上，将嵌入利用类型化分组理论审视政策变迁因果机制的线索的环节，而且将识别的高度拔高到政策变迁深层的情景知识与潜在因果关系与类型化组态因果关系之间关系的确认和理解上。

（三）值得特别关注的突出要素

元分析方法利用分组从多维度审视倡议联盟框架的知识样本来评估其符合整合的知识样本的程度，实际上是类型化分组所整合的知识样本属性和已有理论从而发现新的理论元素。

表6–1　倡议联盟框架下情景知识案例集合

情景知识编码	情景知识题名	有无框架外突出因素	框架外突出因素
QJ001	中国网约车监管政策变迁研究——以倡议联盟框架为分析视角	有	核心信念不变，政策变迁也会发生；技术的嵌入加速政策变迁发生
QJ002	政策学习与变迁：一种倡议联盟框架范式——对我国高职院校招生政策变迁的解读	有	政策试点验证政策效果，推动理念博弈

续 表

情景知识编码	情景知识题名	有无框架外突出因素	框架外突出因素
QJ003	“异地高考”：倡议联盟框架视角下的政策变迁分析	有	利益分化形成诱致性政策变迁
QJ004	基于倡议联盟框架的中国青少年性教育政策变迁研究	有	确认与回应信念差异易发生政策学习
QJ005	倡议联盟框架视角下我国运动员退役安置政策决策机制研究	有	政策理念与政策工具的联动式调整；政策试点式的政策学习
QJ006	倡议联盟框架视阈下我国环境政策变迁研究	无	无
QJ007	效率还是公平：高校毕业生就业政策的信念博弈——基于倡议联盟框架的分析	无	无
QJ008	信仰的变革与回归：倡议联盟框架下中国医疗卫生政策变迁研究	无	无
QJ009	环境 NGO 的政策倡导实践——基于“倡议联盟框架”的分析	无	无
QJ010	改革开放以来出租车行业政府规制政策变迁及其启示——以倡议联盟框架为视角	有	改善选择性认知，建构横向学习取向的专业论坛
QJ011	中国通用航空政策改革——倡议联盟框架视角下的政策变迁分析	有	生产力发展的基本目标追求推动核心理念及政策的变迁
QJ012	倡议联盟框架视角下的中国控烟政策变迁分析	无	无
QJ013	国家高新区政策的变迁与学习——一个政策倡议联盟的解释途径	有	工具性政策调适；政策变迁与政策学习并存

续 表

情景知识编码	情景知识题名	有无框架外突出因素	框架外突出因素
QJ014	重特大自然灾害舆情应对和引导政策的变迁——基于倡议联盟框架的分析	无	无
QJ015	互联网金融的联盟冲突与监管政策学习——基于倡议联盟框架的分析	有	特定政策子系统存在监管式政策学习
QJ016	倡议联盟框架的理论验证与应用改进——基于典型邻避案例的分析	有	框架要素的替换、政策理念的排序
QJ017	从自主招生到“强基计划”——基于倡议联盟框架的政策嬗变分析	无	无
QJ018	基于倡议联盟框架的我国流动儿童教育政策变迁研究	有	社会经济条件变化通过影响不同倡议联盟需求推动政策变迁
QJ019	堡垒式政策倡议联盟与中国的重大政策调整——基于近年来计划生育政策变迁的分析	有	堡垒式政策倡议联盟渐进推动
QJ020	倡议联盟框架下农业转移人口市民化政策变迁	无	无
QJ021	公众参与对政府信息公开政策变迁的影响研究——基于倡议联盟视角	有	公众参与通过舆论影响外部事件的中介作用改变倡议联盟内部力量对比

（1）QJ001 情景知识案例通过对网约车管理政策的变迁案例的分析发现，核心信念的变化与否并非政策变迁发生的充分条件，技术变迁加速了政策变迁的发生。

（2）QJ002 情景知识案例通过对高职院校统一高考等招生政策的此起彼伏的变迁案例的分析发现，利用政策试点验证政策效果从而对认知性理念的博弈进行策略选择是特定政策变迁的重要变量。

（3）QJ003 情景知识案例通过分析高考政策中局部地区对“异地高考”政策的变迁案例发现，利益分化诱致政策变迁过程，即政策子系统由于利益分化从而形成理念的分化进而影响政策变迁。

（4）QJ004 情景知识案例通过对青少年性教育政策的变迁案例的分析发现，在倡议联盟之间确认与回应信念差异易发生政策学习。其中专业的数据报告与学者的调查研究成果是需要确认与回应信念差异的重要来源。

（5）QJ005 情景知识案例通过文本分析的方法分析了整体及区域运动员退役安置政策的变迁，发现政策理念与政策工具的联动式调整、政策试点式的政策学习是政策变迁的重要驱动变量。

（6）QJ010 情景知识案例通过对改革开放以来出租车行业政府管理政策演变历程案例的分析发现，建构具有横向学习取向的专业论坛以改善选择性认知是框架外突出因素。其中，政策变迁中倡议联盟为维护其核心政策理念会进行选择性认知，而通过建构具有横向学习特征的专业论坛能够增加备选方案的来源及对政策问题的界定，从而有利于问题的解决。

（7）QJ011 情景知识案例通过通用分析中国航空产业政策的发展变迁发现，生产力发展的基本目标的追求推动了通用航空政策子系统内部各个联盟的政策理念变迁及其政策学习，即在倡议联盟框架外存在除政策理念变迁外的类似诱致性制度变迁因素的框架外突出因素。

（8）QJ013 情景知识案例通过对国家高新区政策变迁案例的分析发现，政策学习是政策变迁中关于政策理念、政策工具等政策知识在新政策子系统或新的情景下的嵌入传播；工具性政策层面的调适是决策主体为达到“帕累托最优”，根据情景特点与待处理问题的情况对政策工具进行的动态调整。

（9）QJ015 情景知识案例通过对互联网金融在发展过程中的联盟冲突与监管式政策学习驱动的政策变迁历程的分析发现，特定政策子系统的政策理念差异的可折中性与可学习性为监管式政策学习提供了存在的空间，为政策变迁如何发生提供了新的阐释维度。

（10）QJ016 情景知识案例以倡议联盟视角分析多个典型邻避案例中的政策变迁过程发现，在具体实践中倡议联盟框架的变量与逻辑都呈现一定的异化，主要表现为框架内要素的置换与政策理念的排序等。

（11）QJ018 情景知识案例通过对流动儿童教育政策变迁案例的分析发现，政策系统所处场域外部事件的演化是政策变迁的先决条件，其中社会经济条件的变化通过影响各倡议联盟的需求变动的作用机制成为推动政策变迁的关键推力。

（12）QJ019 情景知识案例通过对近年来计划生育政策变迁案例的分析发现，以专家学者、人大代表和政协委员组成的松散式的堡垒政策倡议联盟是驱动特定政策变迁的框架外突出因素。这种堡垒政策倡议联盟与激烈辩论不同，是温和的、渐进式的理念扩散载体。

（13）QJ021 情景知识案例以倡议联盟视角分析公众参与在政府信息公开政策变迁的过程发现，在倡议联盟框架中公众参与能够通过舆论改变倡议联盟内部在外部事件界定的观念分歧的框架外突出因素。

三、基于倡议联盟理论框架的因果关系识别

综上所述，通过对倡议联盟理论框架及其情景案例知识进行元分析，识别出以下具有典型特征的因果关系要素。

（一）决策主体面临着多重利益博弈和行为选择空间

决策主体价值判断的倾向性直接影响其在情景中的行为选择，既有研究主要集中探讨利益博弈等外生性因素，缺乏对决策主体自身复杂的动机及其理念排序的研究，而倡议联盟框架通过对核心理念的关注提示对政策变迁框架的进一步研究应当关注理念排序的影响；此外，绝大部分研究将情景中的决策主体视为由政策制定至政策执行的单向循环，而倡议联盟理论框架在决策主体的实际博弈中引入多元主体变量，提示下

一步的研究关注情景中决策主体实践过程中自下而上的逻辑和横向的决策主体核心理念多样性的竞争。总之，目前倡议联盟框架基于核心理念差异的倡议联盟间的博弈与学习对政策变迁的解释，为多样与复杂情景中政策变迁因果关系的识别提供了分析基础；另一方面，虽然以核心理念的差异作为解释的关键变量缩小了政策变迁发生的变量解释空间，但是在错综复杂的情景中实际的政策变迁逻辑仍是亟待开启的“黑箱”。

（二）在分析单位上关注倡议联盟框架中的网络结构路径

从以上倡议联盟框架的文献可以看出，政策子系统网络间集体行动如何达成与持续成为研究政策变迁动力的重要因素。因此，应该在分析单位选择时重点关注政策子系统的网络结构。

从当前的政策实践可以看出，政策目标的达成是多元政策主体通过集体行动达成集合力量与权威实现的。从倡议联盟框架理论的情景案例集中可以看出政策变迁过程具有“中心驱动”与多个政策子系统有目的的互动的特征。因此，可以尝试从网络结构路径观测政策子系统之间的结构关系从而分析政策变迁的演进。

倡议联盟框架中的网络结构路径通过聚焦于“资源分配秩序”和“行动者之间的博弈演进”来分析倡议联盟框架中的网络结构在政策变迁中的作用。这种网络结构主要通过在政策变迁中政策子系统的连续性策略选择的相互关联得以识别，这些连续性策略主要包括合意达成、工具选择、价值的权威分配等。比如，对于政策子系统网络节点作用分析的结构分析方法中增加了变迁为什么会发生、怎样发生等问题的回应。特别是倡议联盟框架中的网络结构路径将政策过程纳入，并基于经验证据对不同结构的网络在政策变迁中的作用予以阐明，如不同网络结构对政策之窗开启的效率分析以及议题议程进入政策议程的过滤机制分析等。

（三）从目标排序与资源依赖维度审视政策行动者的集体行动

虽然在分析政策变迁时将分析单位界定于政策子系统，但不能单纯地从结构维度分析政策子系统所具有的网络结构关系，更应该从政策子系统间的集体行动如何达成去分析政策变迁的演进。这是因为单纯地进行网络结构分析的有效性不能排除进行集体行动如何达成分析的重要性。相反，如果这两个维度分析相结合就可以更好地理解政策变迁演进过程。尽管将政策子系统的集体行动如何达成作为分析单位是有效的，但是这一维度的理论分析依然存在欠缺，尤其是在集体行动达成的条件方面，即政策子系统之间不会自动达成集体行动协调行动，必然存在一种机制承担协调集体行动的功能，因此有必要挖掘引起协调集体行动的因素以更好地理解政策变迁的演进过程。

在实际的政策分析中，理论研究将问题界定、目标排序、利益激励、政策理念影响集体行动的框架结合起来以修正倡议联盟框架理论，即通过共同的目标排序、合意的达成以及通过资源依赖形成合作的链接，政策行动者的集体行动得以达成。也就是说，可以从政策行动者的目标排序与资源依赖关系解释政策变迁中的集体行动。例如，当政策行动者目标排序一致且存在资源依赖关系时，较强的集体行动达成将会发生在存在政策理念抵牾的政策子系统中。相反，不同的目标排序理念和资源竞争关系会引起政策备选方案之间的博弈。

（四）倡议联盟框架中的网络结构中情景变化的作用

倡议联盟框架中的目标排序并不是一种观念的摆设，而是在复杂多变的实践情景中影响倡议联盟框架中的网络结构与政策结果。倡议联盟框架从宏观叙事与微观求证两个维度对政策变迁过程进行解释，将政策学习、策略博弈、信念差异置于更广阔的政治、经济、社会、思想、制度的变迁的具体情景中加以理解。

在影响政策变迁的宏大叙事因素中，国家—市场—社会关系、制度变迁和政策理念都是情景中的重要因素。首先，国家—市场—社会关系是政策变迁的影响因素。在宏观环境中，如何定位国家—市场—社会关系影响问题界定、策略选择、工具设计等诸方面。具体来说，国家—市场—社会三者关系是资源整合模式还是中心—网络协作模式决定三者所分配资源多寡、决策主体间的结构关系和政策偏好。其次，宏观情景中的制度变迁是政策变迁的基础变量。制度变迁是宏观情景中博弈主体重复互动所产生的规则、规范等的变迁，它改变博弈主体在决策的激励产出从而影响政策变迁。这是因为不同的制度安排对博弈主体的行为选择的激励水平有所差异，所以将制度变迁引入政策变迁的分析过程是必不可少的。最后，政策理念的变化在政策变迁中的重要性也被认识到。共享的政策理念作为承载政策信念和价值观的载体是政策子系统达成网络聚合的重要驱动力。这是因为决策主体对于政策子系统协作关系的态度受政策理念的感知过滤影响，会规避政策过程出现的与政策理念相左的策略与工具选择。

（五）关注政策试点等政策工具在政策学习中的作用

政策试点等具有政策学习类型学意义的政策工具在政策实践中的应用，其核心意义就在于通过嵌入试点获得回应情景变化的政策理念更新，即在政策设计与情景变化互动中简化情景因素从而动态界定问题，提炼政策创设与情景变化互动规律从而进行政策知识生产，形成“创新—学习—扩散”政策机制。简言之，政策学习能够为政策创新提供有益经验增量。这种有益经验增量是政策试点将风险压力测试、信息反馈机制等机制设计整合于“创新—学习—扩散”全过程所带来的经验增加。其中政策压力测试机制是对被试点政策放入具体情景引致的压力、风险等进行提前评估，以避免政策扩散后在多情景中风险的累积、放大。政策试点的信息反馈机制是指试点政策嵌入具体情景后通过“嵌入—反应”的流程，决策主体得以近距离观察政策执行过程、政策效果，从而获得政策过程的有效知识。

从以上分析可以看出，具有解释力的政策变迁理论框架应该建构于对政策变迁中有效驱动因素提炼的基础上。然而，由于政策变迁的复杂性和模糊性，要构建具有较强解释力的理论框架并非易事。倡议联盟框架分析的理论逻辑、理论与要素为新的理论框架建构提供了关键点，特别是政策学习、情景变化、适当分析单位、集体行动达成等的引入。所以，在建构新的理论框架时，需要将这些理论元素予以纳入以提升新理论框架的解释力。

第七章　政策网络理论的政策变迁因果机制元分析

一、类型化分组的依据：政策网络理论框架的基本理论

多数政策变迁理论框架以政策阶段分析为框架分析起点，强调由议程到决策再到执行的阶段性演进。而政策网络理论框架则将在政府、社会与市场三分的“治理”视角假定的嵌入下对政策参与主体如何互动作为解析政策变迁过程的维度，其理论总结了社会、经济等剧烈变迁下所呈现的跨部门议程是多元利益主体通过博弈而推动的实践事实。“政策网络”是政策变迁中政策参与主体由关系链接与策略互动演化形成的网状结构，以通过网络聚合以降低组织效益耗散的研究与整合多元主体参与的治理理论作为理论来源。政策网络理论建构了政策变迁的新图景：多元的利益主体围绕议程、决策和执行而相互博弈。政策网络政策变迁提供一种基本特征：其强调在政策变迁中存在多元主体，而政策变迁实际就是对利益与价值的权威性分配变迁从而整合多元主体形成政策的均衡形态。

政策网络理论对政策变迁图景中主体的假设，实际上是决策者职能转变与社会结构、市场力量兴起变化在政策变迁实践与理论的反映，主要包括：①社会的组织化嵌入日益加强，并且组织的合作性设计成为效果与效率的主要来源；②在专业化分工的组织体系设计中出现了决策部门化趋势；③科层推动、市场竞争、社会网络机制的深度发展使利益竞争更加广泛、更加深度被动员，致使政策议程面临更大范围、更加复杂的议题议程；④媒体技术嵌入政策议程设置的范围与程度有所加深，对问题界定与政策议程设置产生视角偏差的阐释与结果未定的选择；⑤政策执行的职能化分层与组织设计上的分部门化肢解目标体系的整体性，使得目标体系碎片化；⑥经济社会的变迁要求决策者改善原有的科层制组织架构，转变为在政策网络中专注于战略规划与构建达成治理目标的政策网络。

以上政策网络理论所根植的变迁背景可以概括为政策网络理论的主要

关注点：第一，多元行动者以多种方式介入问题界定、方案选择等决策过程，影响了决策与执行的循环速率。第二，多元主体参与驱动使得组织设计日益精密化，从而产生了因组织设计导致的跨领域问题。第三，多元力量博弈的复杂互动建构了“议题变迁”，从而使得政策变迁的启动成为常态。第四，新知识和新技术的大量嵌入，使得决策体系交易成本增加与对环境反应迟缓，削弱了决策者对政策议程的主导能力。简言之，多元、多维、多层的网络状结构，增加了政策网络策略互动的复杂性。

（一）政策网络的特征

“政策网络”的核心呈现是在政策过程中政策参与主体由于资源依赖而相互链接形成集群。政策网络具有以下五个特征：①关系链接，即政策网络的形成与持续依赖某种关系；②资源交换，即政策网络的多元主体在互动中从网络获得利益满足；③博弈竞合，即网络参与主体以策略互动进行竞合；④运行持续，即政策网络中的议题社群、专业网络等参与主体集群具有组织稳定与成员固定的特征，能够在情景设定下进行规则演化与资源交换的再生产，使得网络达成稳定；⑤决策者的导航，即在互动、博弈的网络结构中，决策者成为持续与利用网络结构的导航节点，这也决定了决策者需要担负复杂问题降维、策略知识嵌入、资源优化配置的构建、调节与激活功能。

（二）政策网络与治理策略

政策网络的价值在于它不仅建构了具有阐释力的解释框架，还解析出能够治理复杂问题的策略选择。这里的策略选择所具有的“治理性”就是通过形成与持续网络以达成预设目标。它将特别强调以下三个方面：建立多元主体的关系链接、群体间的规则架构、互补性战略形成。

第一，建立多元主体的关系链接，即对政策目标所涉及的多元主体建立多种多样的关联。这是因为经济社会的结构性转型已经使得政策议程超越单一主体控制的议程设置而演化成为具有主导主体的“复合式跨部门议程”。这种关系链接具有以下两种特质：其一，核心—边缘区别。由于从网络中可获得资源是政策网络可持续的基础，而关系链接是资源分配的桥梁，因此政策网络中主导参与者可以通过资源分配倾向性影响其他行动者。其二，封闭—开放区别。这是对政策网络关系链接边界的描述。封闭性结构的政策网络因为主体与利益的锁定，有利于塑造参与主体的统一性。而具有开放性的政策网络结构能够吸纳科层等级、市场效率、社会网络等多种机制。

第二，群体间的规则架构。在政策网络中的多元主体要达成可持续的关系架构，就需要在原有关系架构不断进行互动规则的设定，从而能够持续地在生产过程群体间规则地架构“驱动媒介”，只有这种运行才能最终形成一种外显产物并且能够反复持续生产，这标志着政策网络体系的可持续。

第三，政策工具优势的互补结合。围绕着政策网络结构，网络参与的多元主体按照政策工具优势的互补结合进行合作。即政策网络中多元主体在网络互动的分工与政策工具的选择上的优势形成合作。首先，决策者的强项是宏观调控和资源整合，因此政策工具设计方面会侧重具有宏观战略规划和资源整合能力的政策工具。其次，市场等专业效率机构选择组织优势的形成与保持可以带来专业效率的提升。最后，其他参与主体的政策工具设计优势集中于情景性知识识别和方案创新元素嵌入等方面的独特知识优势。

二、类型化分组后的分析：多情景知识汇总与分析

（一）汇总政策网络理论框架相关知识样本

由于整合的政策网络知识样本将构成比较与类型化分组的基本研究焦点，因此，对于后续步骤分析的知识样本选择与整合，相比于其他研究方法对知识样本的处理需要投入更多的关注。本章试图揭示驱动政策网络政策变迁的影响因素，因此整合的知识样本选择方法包含两个步骤。

首先，初步确定“政策网络理论框架”的知识样本选择标准，通过在多样化特定政策变迁场域中的应用检验理论框架的适用性。

其次，通过对其研究整合的知识样本的明确定义，将具有“政策网络理论框架”等关键字的论文作为研究整合的知识样本。

在基于元分析方法的政策变迁中层理论研究中，其研究路径是元分析方法发挥观察性研究的功能，通过对中国知网相关政策变迁整合的知识样本的结构化与数据挖掘，获得对政策变迁在治理场域中的理论元素、理论逻辑等关系的理解，进而通过元分析方法将政策变迁驱动因素间因果关系理论化为能够洞见研究问题的知识产品。中国知网政策变迁相关整合的知识样本由于是互不联系的观察者基于自身观察进行的随机选择，因此运用基于因果推断程序的元分析方法生产理论将对所建构理论的代表性提供有效保证。研究检索时间跨度为 2000 年 1 月至 2020 年 3 月。根据前一步骤确定的政策变迁理论框架标准，共获得符合研究设计的“政策网络理论框架”有关文献 13 篇。

（二）知识样本的情景知识提取与分析

对政策变迁的知识样本进行分析并研究其影响因素：从政策变迁的样态变化、驱动因素、主体分析等测试分组条件。这样做的优势在于：首先，防止特定理论视角对个体理论元素的过多关注而产生因素偏歧；其次，它引导出不同维度的理论具有其适用性的理论评价；最后，多种政策变迁框架的分组研究能够增进元分析方法随理论框架与理论元素的敏感度。

在对政策网络理论知识样本的分析中，采用逐步递进方法来分析导致政策变迁的因素，即依次分析在特定情景知识下政策变迁的驱动因素，如政策网络中对多元主体议题与议程博弈的重视等。按照常规编码和异常编码的分类对整合的知识样本进行编码。在关键因果驱动因素识别转换为清晰值因果关系识别之后，元分析方法运行编码因素的抽取，纳入“识别因果关系”的组合方式生成了一个新的因果关系集合。进行递进分析的第二步，将识别到的远因条件“混合”成为理论框架建构的基础条件。

按照模式化编码方式，对所获取文献进行编码。样本名称编码采用具有分组特征的“情景”汉语拼音首字母加数字名称的形式（为便于检索，在文中以索引表形式呈现题目与编码的对应关系），对政策网络理论框架下知识样本的分析采用样本名称、有无框架外突出因素、框架外突出因素名称的三段式编码结构。

在“政策网络理论框架”等类型化分组分析的基础上，将嵌入利用类型化分组理论审视政策变迁因果机制的线索的环节，而且将识别的高度拔高到政策变迁深层的情景知识与潜在因果关系与类型化组态因果关系之间关系的确认和理解上。

（三）值得特别关注的突出要素

在政策网络理论框架下，选择切题的“因”与“果”具有一定的难度。这个难题主要表现为：政策变迁原有理论框架经过多年的理论演化已经形成固定的范式，其有限的理论条件在理论框架内具有极强解释力，但是从理论框架内抽取并重新进行组合却存在一定的难度。因此，对于政策变迁中层理论框架的建构必须对政策变迁变量之间的相互作用机制进行深入分析。基于此，对政策网络相关知识样本进行分析，发现以下框架外突出因素。

表 7-1　政策网络理论框架下情景知识案例集合

情景知识编码	情景知识题名	有无框架外突出因素	框架外突出因素
QJ001	保障性住房政策过程的中央与地方政府关系——政策网络理论的分析与应用	无	无

续 表

情景知识编码	情景知识题名	有无框架外突出因素	框架外突出因素
QJ002	大气污染防治政策变迁与解释框架构建——基于政策网络的视角	有	主体地位差异、政策工具选择影响政策网络中的策略互动
QJ003	行动者、资源与行动策略：怒江水电开发的政策网络分析	有	议题网络中资源与策略的聚合推动政策变迁
QJ004	官僚体系与协商网络：中国政策过程的理论建构和案例研究	有	议题网络的压力传导方式影响政策变迁
QJ005	科技型中小企业技术创新基金政策变迁研究——基于政策网络的视角	无	无
QJ006	中国互联网信息服务治理机构网络关系演化与变迁——基于政策文献的量化考察	有	资源与势能差异的治理结构变化影响政策变迁
QJ007	政策网络视阈下的户籍政策变迁透析	无	无
QJ008	转型期教育政策执行偏离探析：政策网络视角	有	政策网络结构复杂化驱动政策工具丰富化
QJ009	复杂网络结构下科技政策的创新驱动——基于网络权力和创新扩散视角	无	无
QJ010	变迁与演化：中国退役军人安置保障政策主题和机构关系网络研究	无	无
QJ011	中国社会养老服务政策变迁分析：基于政策网络视角	无	无

续　表

情景知识编码	情景知识题名	有无框架外突出因素	框架外突出因素
QJ012	异地高考政策运行特征、前景及出路：政策网络理论的视角	无	无
QJ013	中国控烟政策产出乏力的政策网络分析	有	决策者对目标的排序；议题网络与政策共同体的互动

（1）QJ002 情景知识案例通过对自 1973 年以来的大气污染防治政策变迁案例的分析发现，政策网络内政策主体地位的差异、政策工具选择变换是驱动特定政策变迁的框架外突出因素。这些因素驱动政策网络间策略互动的变化，从而影响特定政策变迁的过程与轨迹。

（2）QJ003 情景知识案例通过描述和解释怒江水电开发的复杂演进过程，发现议题网络中资源与策略的聚合能够驱动政策变迁。

（3）QJ004 情景知识案例通过构建制度化层面与社会化层面的双维度框架，分析了 1980 年—2000 年二十年的集成电路产业政策变迁案例，发现社会化层面的议题网络的压力传导方式显著影响政策变迁进程。

（4）QJ006 情景知识案例应用政策文献量化考察方法从中心势能与网络密度维度建构了治理机构合作网络关系的演变趋势框架以分析互联网信息治理的政策变迁，发现资源与势能差异的治理结构不同是影响政策变迁的重要变量。

（5）QJ008 情景知识案例通过应用政策网络视角分析转型期的教育政策执行偏离的变迁案例，发现在转型期政策网络的结构复杂化使得政策工具箱日益丰富，而政策工具的使用将影响政策目标的实现。

（6）QJ013 情景知识案例通过以政策网络框架观照控烟政策的演变轨迹发现，在议题网络与政策共同体的互动中，决策主体对政策目标的排序是影响政策变迁的重要变量。

三、基于政策网络理论框架的因果关系识别

政策网络理论是将网络视角嵌入政策变迁分析而形成的一种分析框架，主要是从政策主体的结构及互动维度分析其对政策变迁的驱动机制。其核心观点认为政策网络是基于政策主体间意见达成、资源配置、利益协调与权力扩大需要而建构形成，并且基于某种“需要”，政策网络形塑了政策变迁的过程及形态，这种影响主要从政策主体构成与政策主体间核心观念的构成两方面形塑：一方面政策网络中政策主体所具有的资源与位置的差异会影响政策主体间的策略互动，从而使得政策变迁呈现。另一方面，政策网络中参与者的核心政策信念的博弈也会推动渐进的政策变化或“范式性”的政策方向变化。基于对政策网络知识样本的以上理解，可以发现以下有价值的因果关系。

（一）以网络观点看待政策变迁

政策网络理论为政策变迁的解析提供了一个政策过程中多元主体如何通过策略互动形成网络合作的视角。一方面多元参与主体对某一议题的关注演化形成政策网络，并在策略互动与利益博弈中搭建了多元参与主体的行动舞台。另一方面，政策变迁实际上是一个博弈过程，即各种参与主体运用其所掌握的资源来影响决策过程，以使自己的利益偏好能够被吸纳；简言之，政策变迁就是政策网络参与主体基于利益偏好与自身可供选择的方案与资源而进行的策略互动。由此，从网络分析视角分析政策网络行动舞台、政策变迁与政策过程能有力诠释政策网络与政策结果的因果机制。

政策网络演化的核心机制在于多元主体、多元利益、多元情景的嵌入，使得仅仅依靠单一主体无法整合所必需的、分散的政策资源，而需要依赖各参与主体间频率不同的互动、整合的关系模式。政策资源的互赖驱使政策必须成为多元参与主体共同的政策偏好才能确保其政策结果。

（二）构建丰富多样的政策工具箱

政策网络的特征影响政策工具的选择，这是因为政策网络中的参与主体会根据自身特点形成政策工具的选择偏好，从而形成政策网络中多种政策工具交织的特征。由于政策网络是一个既定的客观存在，因此政策工具适合性选择的关键是政策工具能否匹配政策网络的背景，即根据政策网络特点选择合适的政策工具来达成政策目标。

政策工具要实现政策网络结构的匹配，首先需要将政策工具自身特征结构化为具有功能—结构匹配指向的工具。这种可辨识要求将政策工具结构化为具有能够揭示政策工具机制的明确特征，简言之，就是将政策工具的主体功能、资源基础、设计步骤等进行分类与定义从而为政策工具在实践中的有效应用提供工具性知识。

借助政策网络功能，将单一政策工具扩展为政策工具箱是为实现治理目标而采用的多类别政策工具集合。依托政策网络所构建的丰富多样的政策工具箱是混合宏观调控、市场效率、社会网络的工具库，是能够进行资源动员的机制。因此在政策网络中决策者需要导航政策工具箱的建构，使其吸纳科层等级、市场机制、网络链接等多样性质的政策工具，并在需要的时候能够根据具体的政策执行环境选用适当的政策工具进行优化、组合。这种多类别的政策工具集合是根据政策参与主体特征进行设计的产物：主动设计是对政策网络预判后依据政策工具特征对政策工具进行的选择。由此可见，政策工具在与政策参与主体特征匹配时会对原有系统化知识体系中的工具定义与分类进行提炼。

政策工具箱是以政策工具集合的方式嵌入具体项目，即对于政策备选方案的设计综合了多样化的政策工具，而且各个工具又针对具体项目进行了综合性的设计。这就需要在构建政策工具库过程中对工具进行分类：首先，找准政策工具突出的特征以匹配政策网络；其次，以工具理性的思路强调多种工具维度，并对其在项目中的作用进行评估。

第八章　基于类型化分组多维审视政策变迁因果机制

本书前述理论框架中政策变迁因果机制的分歧，一部分来自理论产生的实践基础的差异，一部分来自解释视角的差别。想要建构具有一定普适性的理论框架，就有必要基于类型化分组从多维审视政策变迁因果机制。首先多维审视的“多维”主要包括变迁主体类型、变量类型、分析单元等三个维度。然后在多维审视的基础上，对框架、理论和模型的区分进行界定，有助于在基于类型化分组审视中重新审视政策变迁中的因果机制的线索。最后在理论分析与载体比较的基础上选择了中层理论框架作为承载政策变迁因果机制的载体。

一、多维审视已有理论框架

（一）变迁主体分析

政策变迁理论研究必须首先明确说明何种主体导致了变化，即将主体与变化的关系解释而非现象描述作为研究对象，并对主体行为以及主体为何如此进行策略选择作出理论解释。

政策变迁是作为集体选择的结果而发生的。因此以往的理论研究在聚焦变迁主体分析的基础上将研究对象进一步细化为个体如何集聚、组织、策略互动以促进政策变迁。这种理论细化可标准化为行为主体偏好的结构、行为主体对信息的反应、多主体的激励与互动等。各理论框架在变迁主体分析的侧重点上存在分歧：多源流理论框架把研究焦点置于支撑关键决策者作用发挥的条件分析上；间断—平衡理论框架将研究焦点置于注意力分配的主导权分析上，并将核心决策者的战略规划与问题注意力的变化作为核心变量；政策网络理论聚焦个体在组织过程中的链接与互动对政策变迁的影响；制度分析与发展理论框架聚焦决策主体在受到情景影响下策略互动所构成的行动舞台整体外显。

（二）变量类型

除了变迁主体分析之外，理论研究还需要关注变迁主体之外的情景等影响参与者的行为选择的变量，即理论研究必须注意到行动主体构成、行动主体的观念、行动主体的策略、场域中信息传播的途径、影响行为选择的成本收益结构等变量。综合前述研究，发现未来理论建构需要进一步整合并得到进一步完善的变量还包括但不限于：①政策目标的转换。政策目标转换是驱动政策变迁的重要变量，尤其是政策、经济、社会等宏观层面战略目标调整将导致整个宏观社会经济结构的整体性变迁。并且在治理场域中，政治经济社会呈现结构性联动，因此任何一个领域目标重要调整都会使其他领域的目标体系呈现多样化匹配性调整。因此必须将政策目标调整作为未来政策变迁理论框架建构的关键，其理论灵感来源于倡议联盟框架的层次化分析中的核心信念体系或多源流理论框架中的政治流。②理念排序。理念排序影响决策过程中对发展路径的选择，这种路径影响体现为：政策是决策者认知结构建构的产物，决策者通过理念排序来界定并建构政策。不同理念排序下形塑的发展路径的差异将引致政策变迁演化后所呈现政策结果的巨大差异。其理论灵感来源于倡议联盟框架中信念类型学分析对政策变迁的影响的异同；多源流理论框架将决策者注意力资源在政治流、问题流、政策流三流汇合的配置作为政策变迁的关键因素；间断—平衡理论将议程设置的变化或由议题议程进入政策议程的驱动作为政策变迁的关键因素。

（三）分析单元

理论研究构建需要分析者确认分析单元而保持理论研究的适用性和概括性。这是因为：①选择特定分析单元作为理论研究的逻辑起点，可以保证所探索与生产的理论产品具有合乎逻辑的自洽性。这是因为理论的解释的说服力在一定层面上取决于理论研究的层面选择。这有助于实现理论与变量、情景、层次的匹配组合从而实现解释能力的扩张。②分析单元的概念为理解政策变迁中全面的细节提供了一个更多样、更有意义、更具价值的载体。③清楚表述的分析单元深刻地影响着理论研究的范围，需要阐述一下分析单元界定的基础，是因为其有效地分类了理论研究的各种行为和活动，使得变量的类型及其关系都能涵盖在分析单元的选择中。综上所述，分析单元的确定取决于研究问题的需要，以及情景多样性的更好覆盖。比如，多源流分析理论将主要分析单元界定于议程设置，关注什么样的特定问题有可能在问题流、政策流、政治流三流汇合的条件开启下进入议程设置；间断—平衡理论把分析单元放在了将议题议程导入政策议程的驱动过程上；倡议联盟框架理论适度扩展了分析单元，将分析单元进一步扩展到决策过程中信念体系的分层性变化。

二、框架、理论和模型的比较

理论研究首先要在框架、理论、模型三个理论研究载体上进行选择，选择的标准在于分析层次与理论研究载体特征匹配的程度。

（一）框架

框架有助于确认理论研究中需要考虑的要素及要素关系，从而提供用以分析所有研究对象的要素集合。其中框架中的理论元素需要涵盖分析具有同类现象的相关经验事实的普遍要素，从而使得所建构的理论框架能在进行经验事实分析时为抽取理论要素并类型化所分析的问题提供理论基础。框架中的要素间的理论逻辑为解析经验事实不同类型细节要素及其相互关系提供了关系参照的选择范本。总而言之，框架的功能在于类型化变量及变量间的关系结构，从而为丰富多类型的问题分析组合提供多样化的结构。

（二）理论

理论的价值在于把意义赋予框架中一些被认为很重要的变量。其通过假设框定框架中因素与因素关系的排序进而将框架中的变量组合为特定的意义集合。换言之，理论的探索与建构，有助于获得理论者对所面临的分析对象进行诊断现象、解释过程、因素描述的意义赋予。理论提供了具有逻辑连贯性的元素与关系的浓缩包，为有意识地寻求所面对对象的局部与整体意义提供了可供选择的理论选项。这主要是依靠将变量赋值以及对关键性变量的价值变化的逻辑说明来实现的。这种赋予意义的功能包括：①理论具有自洽性的元素与逻辑，并且这种元素与逻辑已经被清晰界定。②理论具有清楚的因果解释过程，可以通过理论与现实的映射找寻过程机制实现的关键动因。③理论框架具有拓展的兼容性，即理论能够根据应用场域而具有自身理论的可拓展性。总而言之，理论在框架的基础上将理论预设条件嵌入变量与变量关系中，从而找到了简化诸多复杂因素情形的方法，以便可以借助一系列的假设更好地理解理论所要应用的场域情景。

（三）模型

从框架、理论到模型，是一个研究对象不断具体化为数量型关系的过程。模型的开发实际上是在理论与框架的基础上运用逻辑运算与数学符号将一套有限的变量在意义与价值上进行精确的假定赋值，从而系统展现框架内变量之间的逻辑关系的知识产出。在模型中，变量在不同的情景中发挥的作用不同，即变量在不同的情景条件组合下会对所在场域中激励与规训的组合与理解产生影响。特定的模型有助于将理论研究转换为高度简化的数量结构，从而使得模型能被很好地完善以适应具体问题。

三、中层理论建构的必要性

在像政策变迁这样复杂的领域，进行理论探索是绝对有必要的。理解像政策过程一样复杂的某种事情，需要简化的“理论视角”，以告知我们该寻找什么，该忽略什么。

本章旨在通过对理论研究框架、理论、模型的比较确定能够承载政策变迁因果机制研究的理论载体。经过比较，将“中层理论”确定为解释特定治理场域中政策变迁的合适理论载体。依照罗伯特·默顿的观点，“中层理论既非日常研究中广泛涉及微观的而且必要的操作性设计，也不是一个囊括一切、用以解释所有我们观察到的社会行为、社会组织以及社会变迁的完整统一的理论，而是介于这两者之间的理论”[①]。观照罗伯特·默顿的观点及其中层理论构建的基本原则，“政策变迁”的中层理论具有两层构建目标。首先，政策变迁中层理论框架致力于在政策变迁的多样本和主流政策变迁理论框架之间，提炼政策变迁的中观解释。其次，以“中层理论框架”承载政策变迁因果机制需要梳理和明确政策关键驱动因素，以形成内含因果关系的关键驱动因素链条。中层理论框架会确认一系列变量和关系，而这些变量和关系能够涵盖所研究对象的关键理论元素与理论逻辑，并对类似的经验事实做出解释。通过以上基于类型化分组多维审视政策变迁因果机制的分析，将来所构建的理论框架具有以下特征。

（1）中层理论框架建构必须符合理论与框架的特征，即中层理论框架中的变量与变量关系必须具有明晰的结构与清晰的指向，从而能够阐释研究对象所内含的因果机制。而“中层”的含义在于中层理论框架的建构必须具有相应的变量及变量关系的假设，即所建构的中层理论框架能够分辨出其保持理论有效性的适用范围。

（2）中层理论框架必须是基于概念框架与实践案例结合而建构的具有明确适用范围的理论框架。因此，中层理论框架实际上提供了如何理解一定范围案例因果机制的分析线索。

（3）中层理论框架的理论元素与元素间关系逻辑部分来源于对于相关理论知识产品的“元分析”，因此对旨在解释经验事实的相关理论，中层理论框架在建构过程中应该呈现规范的吸纳或舍弃的理论分析过程。

① MERTON R, Social theory and social structure[M]. New York: Free Press, 1968.

第九章　政策变迁的中层理论解释框架

基于多种政策变迁理论视角下的因果机制建构政策变迁中层理论，其本质在于寻找多情景知识下吻合实践发展轨迹、合乎理论逻辑的政策变迁中层理论框架解释。作为一种研究思路，本章构建“中层理论解释框架”的意义在于消弭抽象理论研究与具体政策变迁案例之间的距离。理解政策变迁需要寻找能将复杂政策过程进行“简化”的分析视角，所构建的解释框架便提供了一个政策分析的视角，将复杂的政策变迁简化为理论元素与理论逻辑的变化以加深对政策变迁的深入理解。在多源流理论框架、间断—平衡框架、制度变迁理论、倡议联盟框架、政策网络理论框架等对因果机制政策变迁过程的分析基础上，进行理论要素整合，并对要素间关系进行逻辑提炼。纵观整个理论分析过程，呈现理论要素关系整合、要素关系建构、理论框架解释的完整逻辑闭环。

一、影响多情景知识下的政策变迁的核心变量

从前面的分析可以看出，政策变迁呈现出决策主体主导下的政策变迁特征。通过考察政策变迁因果机制及相关政策文本证据可以看出，在多情景知识下，决策主体的理念排序、目标转换、政策工具选择是理解长时期政策变迁的关键变量维度。具体体现为决策主体因具体理念排序发生变化而发生政策目标转换，从而在现有制度框架下应用方法论与对政策工具进行选择推动了政策变迁。在政策变迁过程中，社会经济变迁、不同利益群体的诉求等无疑会对政策变迁产生影响，但是这些因素都是通过理念排序、目标转换、政策工具选择的变化才产生了影响。赵静、薛澜认为衡量和描述多情景知识下的政策机制一般从政策策略、目标确定、手段选择三个方面进行。这为本文将影响多情景知识下的政策变迁的核心变量确定为理念排序、目标转换、政策工具选择提供了一定的理论佐证。因此本章对关键变量概括如下。

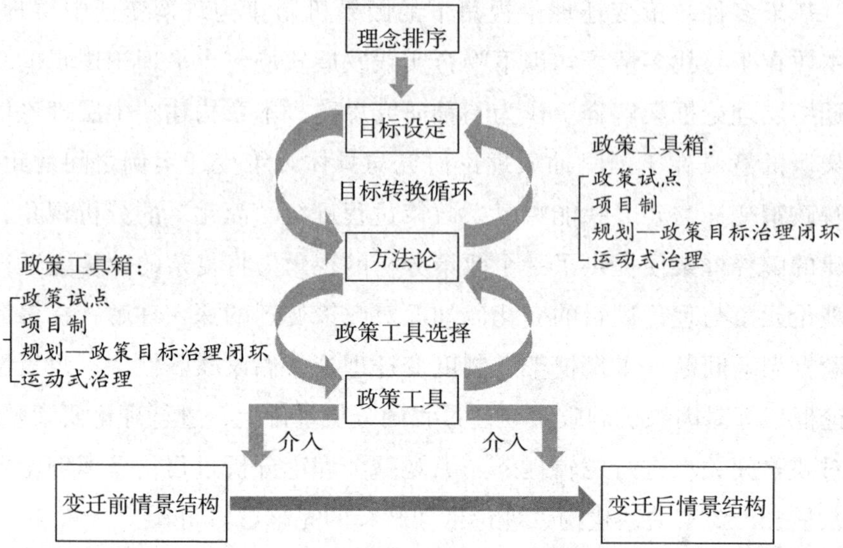

图 9-1　政策变迁中层理论框架的结构

（一）影响多情景知识下政策变迁的核心变量之一：理念排序

关于多情景知识下政策变迁所呈现的目标导向、问题导向在具体政策变迁文本中有明显的话语支撑①，但仅仅从目标导向与问题导向维度分析政策变迁依然无法有效回应中国治理绩效背后独特的深层机理。诸如政策变迁所蕴含的长时间的政策探索都远远超越了单纯的问题界定或目标驱动的解释逻辑。

扎哈里亚迪斯对多源流理论框架做了完善，为问题界定或目标驱动等理论元素实现理论解释能力的扩张奠定了基础。其将合法性获得或目标驱动等政治流的多维度整合为意识形态的概念变量，将决策网络中多参与主体的认知结构因素抽象并嵌入政治流分析，从而增强了该理论框架对经验事实的解释能力。而意识形态的重要内容就是何种价值理念排

① 中国治理场域中的政策文本经常高频出现如下语句结构“为了实现……的目标”“坚持目标导向、问题导向”等。

序与目标设定在决策主体政策选择中的作用较大。在多情景知识下决策主体进行的政策设计蕴含显著的政策理念排序。对于政策变迁而言，政策中所蕴含的价值取向和理念排序是驱动政策变迁的最深层次的动因。政策变迁受经济社会变迁驱动，但两者之间的因果机制链条中间还存在一个重要的中介变量，即决策主体对经济社会等外部变迁所引发问题的判断或目标设定具有通过“理念排序”的界定，甚至在政策实施的组织架构内部各层级如何接受“条块关系”中的任务安排，以及以何种形式进行具体的政策设计，都与决策体系中的理念排序密切相关。因此仅仅从目标设定、政策工具选择分析与阐释政策变迁是不够的，必须在政策变迁解释框架中引入决策主体的理念排序维度，通过界定价值追求、理念排序发掘，才有可能完整解释政策变迁的驱动因素。而所谓“理念排序”，简言之，即在治理场域中对问题或目标中何种价值追求居于首要位置所进行的顺序排列，并将价值追求的顺序排列机制嵌入政策制定与执行的整个过程。

鉴于上述，本章尝试将“理念排序”维度引入政策变迁分析框架，从决策主体引领下的价值观驱动政策变迁角度，回应多情景知识下政策变迁中除目标转换、政策工具选择外所广泛存在着的理念排序行为。从对因果机制政策变迁的政策文本与理论分析来看，多情景知识下决策主体的“理念排序”具有沿科层体系自上而下进行价值动员的功能，其通过协调政策体系内的理念排序影响从战略到政策的具体展开。基于多情景知识下的政策变迁受决策主体理念排序影响，那么具有影响功能的理念排序是如何影响政策变迁的？实际上是面对经济社会的变迁，政策体系如何通过理念排序变化提升自身政策韧性以适应外部环境变迁？

在多情景知识下，理念排序变化是推动政策变迁的核心变量。为深入解释理念排序变化对政策变迁的推动机制，下面从自上而下的价值动员转换、理念排序自身机制演进进行分析。

1. 理念排序依托科层组织体系完成自上而下的价值动员转换

多情景知识下的理念排序之所以能完成自上而下的价值动员转换，得益于在组织化的政策框架内围绕中心工作所形成的信念塑造机制、价值传递机制与价值评价机制。多情景知识下的遵循独特的中心工作的任务排序逻辑，是多情景知识下在高位阶的决策主体提出一段时期的中心工作任务目标后，较低位阶的决策主体会围绕中心工作任务制定具有“层层加码”的具体政策细节体系，从而形成围绕中心工作配置资源与“层层动员”的运作结果。而决策主体开创了中心工作的评价机制，并逐渐演变为多情景知识下的制度性规定，从而使得理念排序能够贯穿科层组织体系自上而下地完成整个治理场域中的价值动员转换。

2. 理念排序自身机制的演进

第一，多情景知识下的理念排序变迁经历了从“单一侧重”到“统筹考量”的演进过程。在理念排序的“单一侧重”阶段，由于缺乏综合性、系统性价值考量作为整体设计框架，极易形成“按下葫芦浮起瓢”的问题重置，使得理念排序的“单一侧重”的长期收益未必最优，需要进行后续的政策设计，反而增加了政策成本。理念排序的引导导向变迁推动了政策体系行为的深刻转型，使得政策体系的目标体系也围绕理念排序的“统筹考量”更加强调整体性、系统性和引领性，并将政策效能的获得性建立在理念排序的有效整合基础上。

第二，多情景知识下的理念排序正是立足于社会结构变迁及其特征而展开的。决策主体面对突发事件、问题界定、目标引导时所进行的理念排序是一种融通决策、执行、反馈的有效的决策性机制。政策具有的实践品格深刻塑造着政策变迁理念排序的实践导向，即理念排序和治理实践之间并非单纯的自上而下指导甚至演绎的关系，而是“理念排序引领下的政策变迁”与“实践适应中的理念排序”的共同作用，这也意味着理念排序的变化是实践变迁与政策变迁的中介变量。而这种中介变量发挥作用的途径就是建立理念排序与治理实践之间的吸纳机制。一方面，通过信息搜集机制吸纳政策诉求。在多情景知识下，通过建设信息搜集机制，政策体系中的理念排序建立了吸纳基层实践价值诉求的机制，并在与社会组织和个人的互动中不断建构理念排序，从而促进了自身理念排序机制的韧性。另一方面，将顶层设计与基层探索相结合，利用政策试点、项目制、规划—政策目标治理闭环、运动式治理等政策工具形成系统性工作机制：建立起决策主体与问题情景、实践与实验之间的多种学习模式，提升了对治理场域的知识和信息获取与吸纳能力，起到了利用实践与实验进行“干中学”，调整理念排序从而回应环境变化的作用。

（二）影响多情景知识下政策变迁的核心变量之二：目标转换机制分析

目标转换是影响政策变迁的核心变量，这源于多情景知识下高频出现的目标治理模式。目标治理是涵盖多元政策目标的目标体系，其通过制度创新、资源跟进、利益激励与项目嵌入实现规划内多元目标的匹配与达成。目标治理在流程上呈现闭环，具体体现为向原有科层结构嵌入规划制定、目标分解、目标考核等机制，以整合与动员组织内资源协同完成所设定目标。目标治理在多情景知识下最典型的例子就是“长期规划”。多情景知识下政策变迁的目标转换机制是通过嵌入规划、考核、激励驱动机制实现多情景知识下的转换后目标实现的系统设计。其将层级间目标耦合、组织学习、目标分解、资源分配、激励驱动都聚焦于转换后的目标，从而使得问题解决所依托的组织网络将注意力和资源集中于优先目标。

1. 通过“上下来去”机制实现层级目标耦合

目标转换通过“上下来去”实现了决策主体层级间目标耦合。多情景知识下的问题解决的决策主体在从规划到政策的治理闭环中贯彻“吸纳实践、测试成效”的上下互动过程，从层级角度看，目标规划的制定是对下一层级规划的汇总抽象，目标规划的执行是由上到下的层层分解、展开。

（1）目标转换中层级目标耦合的“上、来”路径。通过全面调查研究，摸清资源禀赋、制度基础、问题所在，广泛征询各方对多情景知识下的问题解决的意见并进行整合，形成目标转换的大致方向。比如，在目标转换中的目标耦合中一种典型形式就是在制定规划时主要是通过目标制定与实施的层级间的反复沟通协调形成目标的衔接，从而在层级的信息交换中形成目标耦合。

（2）目标转换的目标耦合的“下、去”路径。一种路径是将目标转换后返回到治理场域中，并通过政策宣传、政策示范等引导治理场域中的议程设置使目标转换为治理场域中的政策实践。另一种路径是指在层级间通过层层分解目标、压力传导推动等方式向下传达目标任务的机制。层层分解目标是指目标转换机制会将治理场域中问题解决的战略愿景在层级间进行目标分解，这种分解包括部门目标分解与阶段目标分解，并通过奖励与处罚措施保障分解目标的实施。国内学者一般用行政发包制总结这种层级间的目标自上而下的分解机制。行政压力传导机制是科层中的上级组织通过绩效考核、奖惩机制、资源分配等调整下一层级行动与目标显著不同的行为的方式，从而促使层级网络行动实现目标转换。这种行政压力传导机制集中体现在约束性指标设置中通过“层层分解、层层监督、层层考核”的目标管理得以实现对目标完成情况的跟踪督导。

2. 组织学习机制

目标转换的组织学习机制集中于在将战略转换为行动的过程中对因果关系假设的探寻与总结。目标转换在传统的网络治理、层级治理通过资源配置、目标激励配合战略实施的基础上增加了目标反馈分析和环境与流程匹配检验的组织学习流程。

（1）基于因果机制验证的目标转换反馈流程。目标转换依据多情景知识下的问题解决的政策绩效，检验目标预设的适当性，并对目标分解过程进行重新检视，通过验证多指标之间的相关程度来修正因果关系假设，从而调适整个目标转换。

（2）在多情景知识下目标转换的组织学习还通过情景分析与例外事

件来建立反馈流程。情景分析主要是通过将多情景知识下的问题解决中的统计数据汇编后挖掘关键变量相关性，并通过实现程度欠佳的指标寻找外部战略环境与预期差异、重要驱动因素的遗漏；在指标量化分析战略情景基础上激发对于多情景知识下的问题解决的目标转换的思考。因此在多情景知识下的问题解决中对超出战略预期的例外事件的分析是组织学习的另一有效机制，可以为目标转换提供有效组织学习的早期线索，当然，从细微、孤立的事件中提取有益线索对组织学习能力中灵敏性分析提出了较高的要求。

3. 基于目标转换的资源分配支撑机制

目标转换的资源分配支撑机制的实现是从识别目标转换的关键驱动因素开始，资源分配机制动态跟踪关键驱动因素与差距的缩小幅度以确定资源分配的数量及优先顺序。主要是通过预算的倾向性分配与指标的侧重衡量来实现。预算的倾向性分配支撑预算在制定时将对驱动目标转换的关键因素进行资源的倾向性增加，如对关于相关目标转换的项目建立或增加预算，从而为目标转换的政策实践提供资源支撑。此外，目标转换中指标能否衡量、如何衡量将影响治理中对关键环节、关键流程的注意力分配及资源分配。基于衡量指标建立资源分配支撑机制的优势在于实现目标转换的注意力资源、组织资源、财政支出等有限资源随衡量指标所产生的信息在关键内部流程延伸，从而依次逐渐实现治理场域中战略级、战术级、作业级的目标转换。

（三）影响多情景知识下政策变迁的核心变量：政策工具选择

决策者围绕问题建构与政策目标对政策工具进行调适的同时，政策工具运行机制也在助推政策变迁过程不断臻于完善。因此，对政策工具选择影响因素的探寻，不仅能揭示政策工具与治理情景的互动调适机制，更能为政策工具的有效选择提供理论借鉴。这是因为政策工具具有独特的操作程序、不同的技能运用场景和依场景进行的灵活调适机制，即对于政策工具选择与应用要根据政策工具内含的独特政治经济原理对应用场景进行调适，旨在使政策工具将自身的特征嵌入应用场景待解问题。而在一定时期内，受目标转换、理念排序、所持方法论的影响，对于政策工具的选择及适用机制的调适会有所不同，而这种不同会通过影响政策效果的中介变量机制影响政策变迁。

在长期政策变迁中，解决问题与达成目标需要驱动多情景知识中政策工具的衍生优化，政策工具选择反过来又影响了政策变迁中的问题界定、备选方案选择、政策问题解决，成为影响政策变迁的核心变量。政策工具选择最主要的变化在于从主体的被动管理到政策工具的主动设计，从科层治理的单主体管制到网络治理的多元参与，从并行分化到合作治理，从政策工具有限到政策工具库丰富。

1. 从主体的被动管理到政策工具的主动设计

政策变迁过程中新架构设计的核心是将政策变迁过程的政策设计的视域范围从政策制定与执行主体及单个政策变迁项目转变为实现政策变迁过程从战略到政策如何展开的设计与执行。得益于实践与理论的发展，可用于政策变迁的政策工具在数量和功能上迅速发展，其中有的政策工具如政策试点、目标治理、项目制等改变了原有解决问题的思路模式，且已经在理论和实践上得到了一定的认可。

2. 从科层制参与方式向网络制参与方式转变

政策变迁过程的新架构设计实现了对政策工具被动管理到主动设计转换的同时，还力图以利益链接方式实现传统的科层制参与方式到网络制参与方式的转变。其典型特征即整合科层推动机制、市场效率机制、社会网络机制建立利益链接、调控、引导关系，从而使决策主体能够引导更大范围内的网络结构参与者的有力参与。

政策变迁过程的新架构设计重点由内及外实现从关注公共行政到关注依托社会网络实现治理的转向。其理论基础由科层制理论转变为委托代理理论和网络理论。众所周知，新治理是运用合同关系将市场体系吸纳进公共管理体系，这种吸纳为政策工具箱的丰富、政策工具有效匹配情景、政策工具运用效率提升等增添了新的元素。政策变迁过程的架构设计强调“有效市场”“有为政府”的定位设计。所谓“有效市场”就是所嵌入的市场制度激励机制能够激发与释放网络参与者的利益追求与主观能动性，通过网络、流程链条、利益设计实现政策工具依托网络中的参与者实现合作治理。

3. 扩大了政策工具箱中工具的数量

政策工具选择的典型特征就是在治理场域中形成了具有规律性的政策工具箱，扩大了可供选择的政策工具及组合。从因果机制政策变迁过程及文本分析可以看出，多情景知识下的政策工具箱包含以政策试点进行问题探寻与方案选择，以规划—政策的展开进行目标治理，以项目制注入资源，以运动式治理校正偏差的典型路径。

（1）以政策试点进行问题探寻与方案选择。在政策变迁过程场域中，“政策试点”是一种常用的政策工具。“政策试点”嵌入政策过程中的功能在于证实决策主体对于问题的判断（问题界定证实），对问题结构进行深度探寻以明晰问题结构（问题探寻），选择局部试点丰富政策备选方案（丰富策略选择），在局部试点基础上对效果进行评估以选择政策方案（方案选择）。与功能相对应的政策试点的核心操作程序是对存在结构或效果不确定的政策方案在局部试点地区进行试行以吸纳政策创新的有益经验，然后将其整合在范围扩大或执行层级提升的政策方案设计上，形成更具普适性的政策。政策试点作为政策工具，在实践应用中呈现“从实践中发现方法”“典型试验、连环示范”“分类分层渐进式推进”的特征。

（2）以规划—政策的展开进行目标治理。规划—政策的目标治理闭环源自计划经济时代的“长期规划”。规划—政策的目标治理闭环是多情景知识下高频出现的宏观治理工具。规划—政策的目标治理闭环是中国最重要的治理工具，从工具理性的角度看，其实施机制具有明显的可辨识的工具特征。规划—政策的目标治理闭环的实施机制是一个涵盖多元政策目标的复杂目标体系，并通过制度创新机制、资源跟进、利益激励机制与项目嵌入机制实现规划内多元目标的匹配与实现。规划—政策目标治理闭环是指在组织架构中向原有科层结构嵌入规划制定、目标分解、目标考核的目标治理机制，以整合与动员组织内资源协同完成所设定目标的治理循环。

（3）以项目制注入资源。项目制在事本主义视角下是为完成特定目标而进行的组织构造与资源配置的临时性实践；项目制在治理语境中是通过系统实施项目，整合与跨越原有科层关系而达成所设定目标的治理模式。“项目制”实际上是一种分级治理逻辑。分级治理是以具有市场因素的竞争激励授权局部替代科层体系的行政指令性授权，从而为实现从国家战略到地方政策的分级展开与资源依次配置提供制度保障与行动激励。政策工具语境中的“项目制”是项目制在长期的运用中使使用主体内化形成的以“要素跟着项目走”为标志的主体动员和资源整合的激励机制和行动策略构建。动员多元主体参与的激励机制其特性远远超出激励制度本身，其侧重点在于主导性主体整合多元多层级利益主体围绕问题界定与目标达成多元参与的治理思维图式。

项目制在实际运作中，实现了以下运作效果：从项目主体的合作达成来看，项目发包方通过资源嵌入的利益诱导，吸引具有完成既定目标能力的多元主体围绕既定目标展开行动。从项目的运作流程来看，项目具有工具理性与组织架构功能，即超越原有的科层体系与资源配置束缚，通过矩阵式组织架构的重构使目标设定在跨级、跨界中完成。从资源的输入结果来看，通过跨级、跨界的资源输入，项目的操作层达成既定目标的治理能力提高、治理资源需求得到满足，实现了项目矩阵式架构内内生性合作生成和资源主体与操作主体的直接对接。从对原有科层结构的影响来看，项目的嵌入所形成的矩阵式组织架构重新定义原有科层结构中的战略层、业务层、操作层三者关系。在项目工具嵌入过程中，多元主体利益诉求的碰撞与合作关系的达成，将使项目工具渐进演变为具有原有科层与市场机制嵌入的治理模式。

（4）以运动式治理校正目标偏差。运动式治理是决策主体在特定时间段进行行政资源密集投入以校正实践中问题累积导致的政策目标偏差的政策工具。运动式治理经常以多部门联合执法等形式出现，成为有力推进部门合作的政策工具。运动式治理的核心是决策主体从实用理性角度出发通过从重、从严、从快的惩罚规训方式等引导治理客体遵守规则，从而实现治理场域中秩序的再生产。从运动式治理的产出线索看，虽然在不同类别运动式治理中所应用的惩罚方式与规模力度有所差异，但是其基本流程具有高度相似性：问题持续累积经由焦点事件诱发全员关注，使得问题治理的政策工具启动纳入政策议程，政府部门开启运动式治理“机会之窗”，组建跨部门联席机制，从多个方面集中对问题进行治理。

二、影响多情景知识下政策变迁的核心变量之间的理论逻辑

当影响政策变迁的理论元素被抽取并形成概念变量后，这些概念变量之间如何相互链接形成逻辑关系便成为中层理论框架建构下一步骤的重点。我们假设理念排序、目标转换、政策工具选择这三个核心变量之间存在某种理论逻辑能够映射实践中三者之间的关系，从而阐释政策与实践的双重变迁。根据这一假设，我们从以下两方面研究影响多情景知识下政策变迁核心变量之间的理论逻辑：其一，与政策变迁对应的实践变迁具有怎样的变迁特征，因为这直接影响政策变迁三个抽象核心变量之间的分析。其二，政策变迁三个核心变量之间的影响机制是怎样的。

（一）政策变迁的映射基础：实践变迁过程

政策变迁所映射的实践基础实际上是一种政策嵌入回应治理格局变化所呈现的长周期演化过程，表现为“问题驱动与价值挤出变迁前治理格局—政策嵌入以实现理念排序与目标重置—价值再度挤出与问题再度驱动—新一轮政策变迁的再度回应”。具体而言，政策变迁所映射的实践基础的演化过程如下所示。

1.政策嵌入前的治理格局驱动政策理念排序变化而启动政策议程

政策嵌入前的治理格局实际上是一个持续变动与演化的社会生态系统，并且随着演化不断创造出新的治理格局的多元性与差异性。而这种治理格局的多样性与差异性必然会产生与经济社会主流价值判断的偏离，即实践治理格局与决策主体所设定的治理格局之间存在价值挤出与目标置换现象。在这种偏差被决策主体感知且超过其启动政策议程设置的阈值时，决策主体将从理念排序—目标重置—政策工具选择维度进行政策嵌入以适应、回应经济社会的变化。

2.理念排序—目标转换—政策工具选择作为核心变量嵌入，完成政策变迁

实际上，政策变迁嵌入以适应、回应经济社会的变化，原本就是政策的基本功能。理念排序—目标转换—政策工具选择层面的政策变迁被嵌入实践后，一定会引发经济社会的再度变化。在政策嵌入前的治理格局领域，政策变迁中的理念排序到政策工具选择的变化成为推动社会变迁的“深刻动因”。理念排序—目标转换—政策工具选择作为核心变量的功能有一个生动的描述：即使人们已认识到回应某种问题驱动与价值诉求的必要性，并形成了推动回应问题与价值诉求的合力，但如果缺乏了理念排序—目标转换—政策工具选择的政策变迁的触发，启动政策与实践双重变迁的“政策之窗”就不会形成。这种新的治理格局的形成，在政策变迁层面变现为理念排序的变化、目标的重置、政策工具的选择与嵌入；在实践层面变现为对经济社会问题驱动与价值挤出的回应，从而实现问题解决与新的价值的嵌入。

3.情景演化与决策目标的偏离为新政策变迁启动积累势能

尽管政策体系的理念排序—目标转换—政策工具选择的嵌入较之前是治理功能的进步，但理念排序—目标转换—政策工具选择的政策变迁也存在能力的限度（一方面，因为政策的设计存在治理对象的简化和抽

象、政策工具嵌入的程序与环节复杂使得所嵌入政策必然与现实需要存在偏差，并且这种偏差会因经济社会变迁而日益放大；另一方面，科层体系内部成员由于激励机制不相容可能在实施过程中进行目标替代影响政策变迁的功能发挥），因此随着经济、社会变迁，必然发生新的价值与目标偏离现象。

4. 新一轮政策变迁循环启动

在新的价值挤出与目标置换问题的催化下，更新一轮的理念排序—目标转换—政策工具选择嵌入，新的政策变迁再次发生，从而以新一轮的更新的实践格局完成对上一代实践格局的替代。

综上，本文将政策变迁视为对实践变迁中问题驱动与价值转换诉求的回应的长周期发展演化过程，即“政策变迁”就是为回应实践变迁而进行的理念排序、目标转换、政策工具选择的不断迭代更迭。

（二）理念排序—目标转换—政策工具选择的传导机制

多情景知识下的政策变迁是经由决策主体理念排序变化、目标转换，政策工具选择传导所呈现的政策演进。在这种传导过程中，决策主体所持方法论对理念排序等政策变迁核心变量的传导的选择、过滤功能实际上是传导机制的关键。这是因为，方法论通过观念建构的形式框定决策过程中目标的应然预设以及手段方法的边界，从而嵌入决策者在政策过程中的行为选择。因此，有必要对方法论演进如何影响理念排序—目标转换—政策工具选择的传导机制研究。方法论的传导机制研究包括：一是多情景知识中方法论的内涵，二是方法论在理念排序—目标转换—政策工具选择的传导中如何发挥作用。

1. 多情景知识中方法论的内涵

政策工具所嵌入情景的多样性往往溢出决策主体的有限理性范围。因此，为了提高时间与收益双重维度生产的效率，决策主体会基于归纳与演绎原理遵照适当规则抽象决策对象特征，并以语言等形式概括形成

“方法论”。可见，方法论是抽取全部具体政策工具共性而综合出来的能够捕捉待解政策问题结构与特征而形成的认知图式，其作用是把现实形成符号结构，以便决策体系能够快速分析和处理待解政策问题的相关变量。方法论可以形塑群体共有的如何界定问题与框定备选方案的问题解决的认知结构。

方法论通过拓展决策主体知识限度与认知途径，为决策主体提供解决具体待解政策问题的路径选择，但并非所有决策主体都有资质和条件建构方法论。不过这并不妨碍每个决策主体具有认识与改造外在世界的方法论，其可以来源于决策主体知识学习、经验归纳以及政策话语传导产生方法论在决策主体的内化。方法论不仅是个体用以解决外部待解问题的相似性映像，而且当一定群体共享一种方法论时就会上升为理念排序与目标设定。这时，“方法论”就是政策体系所共有的为应对待解政策问题复杂性而形成的“政策映像”。政策层次的方法论突破单一决策主体观察具体待解政策问题的局限以及归纳方法论的时滞性，通过提炼具有普遍解释力的方法论在更大范围内综合解决待解政策问题。

2. 方法论的构成要素

方法论具备为政策效能发挥提供支持性框架的效用价值。这种效用价值及延展的兼容性根植于决策体系的理念、话语和行动等三重理念排序与目标设定要素中。其中，理念是决策体系在特定参照体系下对原型所呈现的核心认知，并赋予客体意义；话语是以正式文本或内部语言形式在不同主体间传播方法论的载体；行动即理念和话语的外化，是方法论在实践中的主要痕迹。多情景知识中政策工具选择的作用机制可以从问题建构、政策学习、合法性建构等多重维度诠释。方法论中的“理念、话语和预期行动”以从抽象到具体的方式影响着决策体系的信息关注与行为选择。可以说政策工具选择是受方法论核心理念演进而做出的战略选择和工具转变。

3. 方法论影响政策工具选择的三种作用机制

方法论影响政策工具选择的三种作用机制通过“理念”“话语”“行动”的方法论三要素发挥作用。根据方法论的影响环节划分，方法论通过理念影响决策主体的认知结构，方法论通过科层体系的话语建构影响政策过程中的执行，通过行动预期的展现影响未来策略选择，而这些方面汇流并外化形成政策工具选择。方法论演进影响政策工具选择变迁得以发生的三种机制：源于政治影响的决策体系高位推动；基于不确定性应激的模仿性范式转换；与专业化相关的规范性范式转换。

（1）决策体系高位推动。决策体系高位推动主要来自科层体系所具有的自上而下的压力传导和其所处情景所产生的行为期待压力。政治势能对认可的方法论的资源供应的集中程度、关键资源的支持力度都通过直接权威关系而促进目标转换与政策工具选择模式的范式转换。随着科层体系内方法论的演进，政治势能并非一定将演进后的方法论以压力传导方式在内部推广，还可以利用群体成员资格认同和群体团结来实现仪式化传播。

（2）模仿性范式转换。不确定性也是促进范式转换的强大推动力。当政策问题建构不明晰或目标含混不清，目标转换与政策工具选择就会以其他目标转换与政策工具选择作为自身的模板进行模仿以应对这种不确定性。被模仿的目标转换与政策工具选择是决策者在文件阅览、新闻浏览或者参观学习中无意识学习中积累的可利用资源。

目标转换与政策工具选择倾向于模仿同领域中决策主体感觉更合理或者成功的类似目标转换与政策工具选择。政策试点模仿性范式转换机制在于决策体系主体之间的相互交流。政策制定者倾向于在面对问题时寻求政策制定的捷径，即模仿在其他地方证明具有绩效合法性的目标转换与政策工具选择以简化寻找解决方案的过程。模仿性范式转换隐含这样的前提，即外部政策的成功成为其被采用的关键。政策试点模仿性范式转换机制意味着对政策问题、目标或干预模式进行总结的深刻理解发生于模仿对象的目标转换与政策工具选择创新，以及模仿者对范式模仿的具体运用。

（3）规范性范式转换。政策试点转换的第三种机制是规范化转换。政策工具选择是目标转换与政策工具选择在方法论演进影响下结构化构建并不断同质化扩散的过程。科层体系的共同体中成员都持有趋向一致的价值信念的“深层结构”，其在长期运行中形成的强大惯性将目标转换与政策工具选择引向推动其扩散的共同心智模式。方法论以高度结构化的问题解决方式为政策体系提供待解问题的解决模板致使科层体系选择理性产生规范性范式转换动机，即科层体系规则与文化的约束将会集合个体认知形成目标转换与政策工具选择的同质性。

政策工具选择的过程按照范式理论经典路径有以下转换的过程：科层体系内不同目标转换与政策工具选择间竞争加剧；政策变迁新范式因方法论演进的明确支撑而得以确立；政策变迁新范式作为政策工具优先选择项的共同意识得以发展形成；目标转换与政策工具选择规范化减少范式的多样性程度。

三、结语

作为基于多情景知识下因果机制政策变迁过程所建构的政策变迁中层理论，理念排序—目标转换—政策工具选择理论框架的理论元素与理论逻辑显现出一定的适用性。目标、方法论、政策工具是理念排序—目标转换—政策工具选择的理论框架的三个理论元素，这些理论元素呈现出对其他理论框架元素的吸纳性与整合性，为构建具有一定普适性的中层理论框架奠定了理论基础。在理论逻辑方面，理念排序—目标转换—政策工具选择理论框架按照价值挤出与目标置换、价值嵌入与目标重置、价值实现与目标达成的变迁因果机制界定，清晰描述了政策变迁的驱动机制链条，对多情景知识下的政策变迁过程作出了具备一定信服力的解释。

关于理念排序—目标转换—政策工具选择的框架只是基于多种政策变迁理论框架理论元素的提炼与因果机制政策变迁的案例进行逻辑建构的理论框架。理念排序—目标转换—政策工具选择的理论框架在特定治理场域中的实践应用依然薄弱，同时理论框架的严密性设计还有待进一步提升。应该说，尽管理念排序—目标转换—政策工具选择的理论框架的理论逻辑与解释力尚存在局限性与可能受到质疑的地方，但是依然吸引着我们应用理念排序—目标转换—政策工具选择的理论框架去探索其在多情景知识下的适用性。

参考文献

[1] 吕武，常晶. 高等教育政策制定过程中的决策层次及其权力限度——基于制度分析与发展框架的分析 [J]. 高教探索，2021（6）：18–24.

[2] 徐涛，魏淑艳. 制度分析与发展框架下中国住房政策过程透析 [J]. 东北大学学报（社会科学版），2013，15（3）：282–287.

[3] 杨志军，支广东. 完全还是有限：政策议程建立的型构条件与耦合机理——基于“关键个人”变量的新多源流模型解释 [J]. 中国行政管理，2020（12）：104–111.

[4] 涂成悦，刘金龙. 中国林业政策从“经济优先”向“生态优先”变迁——基于多源流框架的分析 [J]. 世界林业研究，2020，33（5）：1–6.

[5] 王刚，唐曼. 理论验证与适用场域：多源流框架的理论分析——基于 14 个案例的检验分析 [J]. 公共行政评论，2019，12（5）：28–46，211–212.

[6] 向玉琼，李晓月. 我国大气污染防治政策变迁的动力分析——兼评多源流理论及其修正 [J]. 长白学刊，2017（5）：65–72.

[7] 魏淑艳，孙峰. “多源流理论”视阈下网络社会政策议程设置现代化——以出租车改革为例 [J]. 公共管理学报，2016，13（2）：1–13，152.

[8] 朱朝霞，陈琪. 政治流为中心的层次性多源流框架及应用研究——以上海自贸区设立过程为例 [J]. 经济社会体制比较，2015（6）：68–76.

[9] 柏必成 . 改革开放以来我国住房政策变迁的动力分析——以多源流理论为视角 [J]. 公共管理学报，2010，7（4）：76–85，126.

[10] 毕亮亮 . “多源流框架”对中国政策过程的解释力——以江浙跨行政区水污染防治合作的政策过程为例 [J]. 公共管理学报，2007（2）：36–41，123.

[11] 孙欢 . 间断平衡框架及在我国政策分析中的适用性：基于政策范式 [J]. 甘肃行政学院学报，2016（6）：31–42，126.

[12] 谢明，朱春宇 . 公共政策“间断—平衡”模型的重构与应用——以我国扶贫政策为例 [J]. 现代管理科学，2018（5）：3–5.

[13] 武永超 . 新中国成立以来卫生防疫政策变迁审视——基于间断均衡理论视角 [J]. 经济社会体制比较，2021（2）：67–76.

[14] 王颖，王梦 . 间断均衡理论视域下我国环保政策变迁研究——基于改革开放以来的政策文本分析 [J]. 东北大学学报（社会科学版），2020，22（3）：64–72.

[15] 孟溦，张群 . 公共政策变迁的间断均衡与范式转换——基于 1978—2018 年上海科技创新政策的实证研究 [J]. 公共管理学报，2020，17（3）：1–11，164.

[16] 娄文龙，张娟 . 中国房地产宏观调控政策变迁研究——基于间断—平衡模型的解释 [J]. 四川行政学院学报，2019（5）：57–65.

[17] 连宏萍，陈晓兰 . 央地关系视角下的土地增减挂钩政策变迁——基于间断均衡理论的考察 [J]. 新视野，2019（4）：64–72.

[18] 黄扬，李伟权 . 新媒体环境下网络舆情对政策间断式变迁的影响研究——基于“间断—均衡理论”视角与案例分析 [J]. 电子政务，2018（9）：48–57.

[19] 缪燕子 . 新中国成立以来社会救助政策变迁研究——基于间断—均衡理论的解释 [J]. 中国行政管理，2017（11）：84–88.

[20] 李朔严，张克．中国计划生育政策变迁研究（1956—2015）——基于间断均衡模型的视角 [J]. 公共管理与政策评论，2016，5（4）：32–42.

[21] 宋心然．中国网约车监管政策变迁研究——以倡议联盟框架为分析视角 [J]. 中国行政管理，2017（6）：103–107.

[22] 黄文伟．政策学习与变迁：一种倡议联盟框架范式——对我国高职院校招生政策变迁的解读 [J]. 清华大学教育研究，2012，33（5）：55–60.

[23] 范永茂．“异地高考”：倡议联盟框架视角下的政策变迁分析 [J]. 中国行政管理，2016（5）：94–101.

[24] 吴光芸，万洋，周钰箐．基于倡议联盟框架的中国青少年性教育政策变迁研究 [J]. 中国青年研究，2018（5）：110–118，109.

[25] 冯晓露，熊晓正．倡议联盟框架视角下我国运动员退役安置政策决策机制研究 [J]. 体育科学，2013，33（8）：3–13.

[26] 李金龙，乔建伟．改革开放以来出租车行业政府规制政策变迁及其启示——以倡议联盟框架为视角 [J]. 中国行政管理，2019（12）：80–86.

[27] 成海燕，徐治立．中国通用航空政策改革——倡议联盟框架视角下的政策变迁分析 [J]. 北京航空航天大学学报（社会科学版），2019，32（2）：77–83.

[28] 唐行智．国家高新区政策的变迁与学习——一个政策倡议联盟的解释途径 [J]. 中国青年政治学院学报，2014，33（1）：138–141.

[29] 郑宇冰．互联网金融的联盟冲突与监管政策学习——基于倡议联盟框架的分析 [J]. 广西大学学报（哲学社会科学版），2017，39（3）：54–60.

[30] 王刚，王誉晓．倡议联盟框架的理论验证与应用改进——基于典型邻避案例的分析 [J]. 公共管理与政策评论，2020，9（5）：58–72.

[31] 姚佳胜，方媛．基于倡议联盟框架的我国流动儿童教育政策变迁研究 [J]. 教育理论与实践，2020，40（7）：18–22.

[32] 陈兆旺．堡垒式政策倡议联盟与中国的重大政策调整——基于近年来计划生育政策变迁的分析 [J]. 中国行政管理，2020（8）：68–73，148.

[33] 邓佳 . 公众参与对政府信息公开政策变迁的影响研究——基于倡议联盟视角 [J]. 生产力研究，2021（4）：25–28.

[34] 冯贵霞 . 大气污染防治政策变迁与解释框架构建——基于政策网络的视角 [J]. 中国行政管理，2014（9）：16–20，80.

[35] 朱春奎，沈萍 . 行动者、资源与行动策略：怒江水电开发的政策网络分析 [J]. 公共行政评论，2010，3（4）：25–46，203.

[36] 陈玲 . 官僚体系与协商网络：中国政策过程的理论建构和案例研究 [J]. 公共管理评论，2006（2）：46–62.

[37] 魏娜，范梓腾，孟庆国 . 中国互联网信息服务治理机构网络关系演化与变迁——基于政策文献的量化考察 [J]. 公共管理学报，2019，16（2）：91–104，172–173.

[38] 衣华亮，苏晓佳，徐西光 . 转型期教育政策执行偏离探析：政策网络视角 [J]. 江苏高教，2017（7）：14–18.

[39] 刘海燕 . 中国控烟政策产出乏力的政策网络分析 [J]. 大连理工大学学报（社会科学版），2013，34（2）：40–45.

[40] MERTON R, Social theory and social structure[M]. New York: Free Press, 1968.

[41] 赵静，薛澜 . 探究政策机制的类型匹配与运用 [J]. 中国社会科学，2021（10）：39–60，205.